改變 的秘密

以三個60天的週期，
和自己親密對話。

鮑昕昀 著

國家圖書館出版品預行編目資料

改變的秘密：以三個60天的週期‧和自己親密對話／
　　　鮑昕昀 著. －初版－ 臺北市：信實文化行銷
　　　，2008.05
　　　面；14.8公分×21公分
　　　ISBN 978-986-84208-5-4（平裝）
　　　1.生活指導　2.自我實現　3.抗壓

177.2   97004585

STYLE 02

改變的秘密：以三個60天的週期‧和自己親密對話

作　　者：鮑昕昀

總 編 輯：許麗雯

主　　編：胡元媛

執行編輯：黃心宜

美術輯編：張尹琳

行銷總監：黃莉貞

發　　行：楊伯江、許麗雪

出　　版：信實文化行銷有限公司

地　　址：台北市大安區忠孝東路四段341號11樓之三

電　　話：（02）2740-3939　傳　　真：（02）2777-1413

網　　站：www.cultuspeak.com.tw

電子郵件：cultuspeak@cultuspeak.com.tw

劃撥帳號：50040687信實文化行銷有限公司

印　　刷：乘隆彩色印刷有限公司

地　　址：台北縣中和市中山路二段530號7樓之一

電　　話：（02）8228-6369

圖書總經銷：知己圖書有限公司

（台北公司）台北市羅斯福路二段95號4樓之三

電　　話：（02）2367-2044　傳　　真：（02）2362-5741

（台中公司）台中市407工業30路1號

電　　話：（04）2359-5819　傳　　真：（04）2359-5493

2008年5月初版一刷

定　　價：新台幣300元整

目録

作者序　春雷驚蟄／1

Part 1
向藍色風暴說「不」！

「藍色風暴」的陷阱
方格框框的迷思／11
「一人亦滿」與「自我感覺」的省思／12
我，得了憂鬱症？！／15
「溫水煮青蛙」效應／18
情感性的疾病——躁鬱症與憂鬱症／21
Mirror, Mirror, onTheWall——你，得了憂鬱症嗎？／28

走出「藍色風暴」的邊緣地帶
你是自己最大的敵人
「恐懼」與「自憐」／35

「計較」與「忌恨」／35

負面思考模式／36

你的個性影響你的人生／38

面對事實，不再否認自己的精神狀態出了差錯／39

給自己三個六十天，讓你煥然一新／39

釐清情緒

人生無悔／41

不畏失敗／42

面對困難／42

拒絕放棄／43

盡力而為／44

第二個「但是」／44

肯定自我

選擇自己要走的路／45

放下過去的包袱／46

新的選擇／47

面對挑戰／47

井然有序的生活／47

培養興趣／48

培養自信／49

完全獨處的「歸零」時空／50

不要忘記微笑／51

樂於付出／52

即時行動

閱讀是最一本萬利的投資／53

運動從健走做起／54

呼吸與調息／55

時間作息表／55

決定要達成的目標／55

減肥瘦身／56

繼續深造／56

培養嗜好／57

休息是為了要走更長遠的路／57

換個職業／57

Have A Kid／58

Mend A Fence, Burn A Bridge／59

改頭換面／60

Part 2
我的心情手札

八月

5　有一首歌叫做：《世界上唯一僅有的一朵花》／65

6　甩掉心中的磅秤／69

7　YOU ARE WHAT YOU EAT／77

8　與自己的身體對話／89

9　上帝給你的兩個盒子／95

10　不要重踏惡習循環的覆轍／100

11　有時候給自己一點壓力是好的／102

12　今天我關上通往外界的門／104

13　輸了也要成為贏家／105

17 JUST START！／108

18　溫柔不是一種姿態／112

20　歡喜就在你身傍／116

21　撞鐘的和尚／119

22　一個大紙箱及兩張清單／125

23　那個初秋陽光溫暖的下午／128

24 原諒別人解脫自己／132

25 淡定與恬定／134

26 今天下午我放假／137

27 益腦安神讓你安神好眠的食物／140

28 阿娘的菜／145

29 這一天過得真好／166

30 敬虔與知足的心／170

31 GIVE ME A BREAK！／176

九月

1 《揮灑烈愛》／177

2 別為小事煩惱／184

3 有時就算繞一點路也沒關係／188

4 敢於面對恐懼／194

5 轉變——THE TURNING POINT／200

6 逐夢永遠不遲／204

9 落下與失敗——FALLURE VS. FAILURE／209

10 知命不認命／213

12 追夢一族／216

13 我的身體終於喚醒自覺／219

14 做一次賭徒，擲一把骰子／219

15 不要錯過／220

16 今夜月色最明亮／221

17 從「怎麼做個零售大王」說到「墨非定律」／223

18 孤獨──SOLITITUDE／226

20 洪老師的瑜珈教室／229

21 導氣令和引體令柔／238

22 一日之計在於晨／242

23 瘦腰減腹又好眠／248

24 我給自己八十五分／252

25 落日餘暉／255

26 紓解壓力養顏回春的五分鐘DIY按摩／260

27 一張賀卡／263

28 洗衣店牆上的兩句箴言／266

29 兩個磅秤／269

30 你要相信世上所有美好的事物／271

作者序
春雷驚蟄

從來沒有想到會寫這麼一本書。

想出詩集，想寫愛情小說，朋友很期盼：「好啊！好啊！快點寫！出書時別忘了說一聲。」隔了許多年，到後來朋友也懶得催促了。

真的寫了，竟是這本原先訂名為「走出『藍色風暴』邊緣地帶」的書。

「憂鬱症？！妳有憂鬱症？！」朋友很詫異不解。

一屋子人，正在忙著拍攝我的食譜和瑜珈姿勢，另一個朋友從對岸打電話來。

「RECIPE AND YOGA？好像 CHOP-SUEY。」他說。我有點覺得委曲，試著解釋。

「OK，GOOD CHOP-SUEY。」他調侃地這麼說。

我是一個無法勉強自己的人，雖然有事沒事愛寫幾句毫無章法的詩，愛情小說也有兩部少說都寫了好幾萬字，回頭看老覺得小鼻子小眼睛，充其量不過有點兒浪漫情懷，要出書，沒什麼大意思，我還真覺得難為。

寫這本書，也是初無定見。

有一天，我如常地坐在地墊上半靠著沙發看電視，一轉頭看見落地窗反映出來的影像，大為震撼！這個披頭散髮、腫脹懶散、無精打采、攤成一團的婦人，真的是我嗎？我坐在這兒這般模樣整天看電視有多久了？我這樣麻木度日有多少時日了？！

　　我不定期受蕁麻症之苦巳有兩三年，這一天，更是奇癢難當，口角還長了凍瘡，最讓我不安的是，我成天無所事事，卻整日疲累不堪，作了各種試驗都查不出原因。

　　為了想要找出我為什麼元氣全無的緣由，我開始上網探尋資訊，正巧看到一篇報導憂鬱症的文章，裡面提及憂鬱症患者的十七項生理心理狀態，包含皮膚過敏、凍瘡及查不出原因的慢性疲勞症候群，我完全符合的有其中十三項。

　　事態真的相當嚴重，我在參考了數以十計的有關書籍、以及許多網上資訊後，決定要從改變自己的生活作息開始，希望能夠走出這憂鬱症的邊緣地帶。

　　從做瑜珈開始，我給自己三個六十天的目標性新生活計劃，從生活規律中尋求身心的平衡與健康，也因此注意到良好飲食習慣的養成。

　　這本書，其實是我在這一百八十天中的自我對話，紀錄了我的掙扎與成長，從憂鬱症的邊緣自拔只是其一，我在停往猶豫的人生交叉路口，因為心靈的省思又具體的的行動，讓我再次踏出自信的腳步，邁向另一段嶄新的人生。

　　什麼事，其實也都其來有自。

在中國一年的廿四節氣裡，初春時的「雨水」，顧名思義是，春寒料峭卻多雨水，春雨潤澤冬日乾枯的農田可以準備耕種；「驚蟄」，則是春雷初動，驚醒了仍在蟄伏的生命萬物。

「春雷驚蟄」，代表著寒冬已過，大地復甦；枯萎寂寥之後，新芽舊根再生更替，所有的生命即將重新開啟另一個新的循環。

「新」的孕育，恆久源自於「舊」的涵養。我正值生命中另一個十年的初耕，種子卻在這一個十年之前深植。翻出一本遺忘在角落裡未被丟棄的手札本，當年所記，好似為今日所寫。

總覺得　　是死又是生的蝶蛻
痛楚過後　　種種繽紛的奇妙
以為舊緣將了　　卻是新緣又起

竟然就如此地來　　又彷彿平地一聲雷
連那音響尚未辨明
已是　　滿池春水

一把紫金扇　　行雲流水般揮灑幾個字
心無掛礙　　無掛礙故　　無有恐怖

一本再生紙　　前世曾記載怎樣的夢幻人生
過去已往　　歡笑愁悲　　無善無不善

舊死與新生　　原都來自一種約定
一種如天與地之間
四季循環　　不息的契合

1993年12月22日

原來　　那平靜如畫的蔚藍　　真的是海
海天一色　　只不過遠處漸現環海的陸地　　巒嶽綿延
彷彿裊裊如絮的白雲　　是山嵐氤氳

恆老而無言的山丘　　有一種沉穆的　包容的　大地的溫柔

村莊散落　　道路一長串　　然後四通八達
城市在望
飛機如鵬鳥插翅迴旋降落

而你知道　　太陽就在前方
你知道　　太陽終將威猛地　　出現
卻仍驚憾　　如此力鈞萬鼎的光亮　　陡然　　如此豐滿展顏

你劃過海面　　再一次向城市停泊
而太陽　　正以無比的熱力　　無比的圓融
照耀覆被著你

1994年9月24日

曾想為文作集，寫下三十幾個文題，選了十二個串連起來，竟也可見近來心境。

花心曾傷時
乍回頭往事惘然

行經萬里路
南柯夢一方山水

不悲夏去
但記那花來衫裡影落池中

最是橙黃橘綠時
起看秋月墜江波

不如飲美酒
待寒冬將盡　金石擲地一聲響
春雷驚蟄

1995年12月1日

　　不敢說這本書好比春雷驚蟄，多少有點「野人獻曝」的意思吧！

PART I
向藍色風暴說「不」！

當藍色風暴逐漸逼近時，
該如何從心情沮喪、失落、挫折、徬徨的情緒中跳脫出來？
你絕對需要一個清楚的目標和簡單的步驟，
積極地甩掉過去的舊習慣，
重塑一個新的生活秩序……

「藍色風暴」的陷阱

「為什麼，我每次打電話給你，妳都在家呢？」許多年來，我的兒子Eric經常這樣問我。

「舊金山和台北時差十五小時，你打電話來的時候，若不是這兒的午夜就是早晨，我不在家，去那裡呢？！」我總是如此回答。

「你知道我的意思啊！妳應該多出去走走。」

「有啊！有啊！我常和朋友吃飯看電影什麼的啊！」

「妳只是固定和那幾個人來往。你對於一般人的容忍度太差。」同樣的話，Eric說了又說。

「我對一般人很能容忍的。像是公寓的管理員啦！便利商店的店長啦！銀行裡的雇員啦！都和我相處得很好。只是在交朋友這方面我應該可以選擇吧！小心眼、愛計較、不誠懇的人，我為什麼要浪費時間和精神與他們來往呢？」。

對於自我的行為舉止，我確實堅持著一些原則，雖然難免有欠缺之處，我的自我要求還說得上嚴謹，至少，能做到誠實無欺自力更生，而不諂媚攀緣巧奪貪求。對於別人，正如一位好友說的：「妳誰也不虧欠」。我不負人，所以尚能坦然自若。

「每個人都有缺點啊！這是很正常的！妳不能對別人要求太高。」兒子說的話時常讓我省思，卻很難改變我對於人際關係的看法。I don't need a crowd. 我覺得理直氣壯，凡事只求心安，我就可以有一種很獨立的自在，不需他人的認同。

「妳真的需要多出去走走。妳現在有的是時間，沒有藉口了。可以到健身房去健身；再去學什麼妳喜歡的比如書法啊！跳舞啊！瑜珈啊！讓日子過得有趣些，也可以多與人相處些！」女兒Laura總是勸誡我。

每年一次或兩次，去歐洲或美國與他們相聚或一起旅行，我一定會生病，感冒咳嗽之外腸胃不適筋骨酸痛，沒有一次倖免。一路去紐約看我媽媽和阿姨，因為總在冬季，Eric一定會提醒我：「當心些，不要成為細菌傳播者，兩位老人尤其是外婆，抵抗力較弱，即使是感冒也可能會很嚴重。」可是，實情往往是我去了，我媽感冒好了，我反而又感染上了。

「妳這樣下去，免疫力愈來愈差怎麼辦？seriously！」Laura說到這事總是很嚴肅。

Eric擔心我長時間獨處會得自閉症；Laura擔心我與外界接觸太少，會得免疫功能失調症。他們覺得我太封閉自己，我總是辯稱，這是我的選擇，我喜歡簡單清靜的生活。他們也因為我的注意力不集中、對事物缺乏興趣而感到困擾，我當然矢口否認自己有問題。

但是，私底下我不得不承認，自己確實對周遭的許多人和事感到失望。種種的貪念、偽善、猜忌、嫉妒、掛羊頭賣狗肉的自欺欺人、粗鄙、諂媚、不正直、缺乏正義感這些負面的人

性，在我作事的經歷與個人生活中，經由人際關係使我有不少體驗；加上目前台灣政局一些貪官污吏及所謂民意代表利慾薰心的難看嘴臉，某些企業財團負責人欺騙大眾的監守自盜，以及社會上離經叛道事件的層出不窮，使我對人有負面反應、對事有負面思考的傾向，愈來愈嚴重。

近一年來又覺得成日無精打采、疲憊乏力，作了身體各部門體檢也找不出個所以然，心情有時因之沉重；而精神體力的不濟，又讓我性情變得很懶散。腰圍日粗，人也胖了起來。

方格框框的迷思

有一天，一個長住香港學佛法的朋友來看我。一進門，她就說：「呵！妳家全是大大小小的方格子。難怪，我的師父說，妳做人自有一套嚴格的原則。原來，妳住在框框裡。」

她這麼一說，給我極大的震撼。

我住進這公寓已有五年半之久，竟然絲毫沒有察覺我家有這麼多的大小四方框子。地磚、傢俱、櫥櫃全是方的，還好有幾個大型的陶製花器是渾圓的，總算稜角之中尚有圓融。我自認觀察力仔細入微、悟性高，現在才驚覺原來一直是個摸象的瞎子。

我的小公寓號稱三十一坪，扣除公設大約只剩不到廿坪，由於有三尺多的高度，我又喜歡極簡風格，所以，一人獨居倒也覺得蠻寬敞舒適。這下可好，大致數了一數，我倒抽一口冷氣，這屋內大大小小正方長方的框框，竟然有千個不止。若是加上窗口望出去看到的，少說也有上萬個。

以後的兩個星期，我不能擺脫「方格子」的迷思。很納悶自己的視覺盲點與思維死角竟然會如此嚴重，連日日夜夜被千萬個框框框住，這眼前鼻下（right before my eyes, right under my nose）的事都朦朧不知毫無所覺，更何況其它？！真的譬如當頭棒喝！令我對自己所有的價值觀、自我評估及自我認知起了很大的疑惑。

「一人亦滿」與「自我感覺」的省思

　　之後，讀我這位朋友的師父黃老師寫的一本「學持戒」，給了我另一個極大的震撼。

　　「學持戒」書中講解如何以戒為師，禁制身三（殺、盜、淫）、口四（惡語、無義語、離間語、妄語）、意三（慳貪、瞋恨、癡迷）十惡行的「十善法戒」。

　　我至今不能定心執意去窺探任何宗教的深奧廟堂，卻很想能至少做一個裡外如一、不矯情做作、沒有惡念、思想行為較善的人；我也敬重黃老師十餘年來潛心誠敬學習佛法，所以很認真地看待這本書。書中所寫佛經中描述無間地獄最後極限的「一人亦滿」，在我心中引起了很大的回響。

　　黃老師在他的書中解釋：惠能大師說「禮本折慢孤」，我們給人頂禮，就是摧折自己的「慢」和「孤」。「慢」是驕慢，「孤」就是孤傲、孤芳自賞。這個「慢」和「孤」，讓人覺得自己特殊，把自己變成獨自一個，傲視眾生，其實正好把自己推向一個孤獨寂寞、封閉隔絕的境界裡，這個境界正是無間地獄反應出的，那個「一人亦滿」的最後極限，從空間來說，絕對

不留一點多餘的空間。

黃老師在有一次談話中，曾經對我凡事求印證的毛病說了一句：「難道妳要等真的到了地獄才相信有地獄嗎？」那句話警惕意味頗濃，但是遠不如這「一人亦滿」的囚境，讓我覺得驚悚。倒不是害怕死後會掉到十八層地獄這最極限的一層，而是唯恐，在人間嚮往天馬行空的我，多少有點自以為「眾人皆醉我獨醒」似地自命清高，卻也許正把自己推向那茅塞隔絕的自囚牢籠而懵懂不知。

我有一些學佛的朋友，每逢見面或道別的時候，以手頂禮，常讓我有點尷尬，不回禮好似有些禮貌不周，頂禮又讓我感到矯揉做作。後來覺得，以頂禮相回應，其實只是以一種對方認同的手勢，表示內心對於對方的尊重，這兩隻手合在胸前就覺得泰然自若了。

「禮本折慢孤」這句話對我來說真正更深一層的意思，正是在頂禮這個簡單的手勢之中，蘊涵著能夠放下「慢」「孤」自我感覺的謙虛。

「學持戒」裡說到身口兩戒好持，人心中的驕慢邪見、嫉忌和瞋恚卻很難戒除，因為有個「自我感覺」的擋門虎。

我嘗試堅持至少不做惡事的一些諸如：不欺騙、不盜取（不謀求、不巧奪、不盜竊不該與取的）、不背信、不貪婪的基本原則；也很努力去維護我不受非理性非知性牽絆的身心自由；難道我努力維護增益的我的信心、我的獨立人格、我的不仰求依賴的力感，就是這個自己營造、自以為是、圈囿在一隅之角所謂「自我感覺」的小天地？

我會起嫉妒心去貶低識或不識他人的優點，來挽回我的自我感覺嗎？我會起瞋恚心抹黑識或不識他人的缺點，而煽高我的自我感覺麼？我所認定的，那個心底下讓我感受到自由、力感甚至快樂的自我感覺，其實是縱容我心，正朝著這驕慢、嫉忌和瞋恚三惡大行放逸？！

佛法的哲理很深遠，我不一定懂得真意，但「自我感覺」這四個字讓我一再審視自己。

曾經想為文作集，題目有好幾十個，還借用了我不敬他人、卻敬他文才的胡蘭成在《今生今世》書中一句「攀條摘香花」作序題，瑣碎寫了一些片段雜文，其中一篇序文，回頭再看，對自己有了新的認識。

攀條摘香花

曾見有人將清幽的山宅取名「素俠居」，三個字看在眼裡，心中感動，覺得是一種優雅的謙卑，一種收斂的豪氣，彷彿一幅淡墨妙好山水，氤氳雲靄之中，大有氣象。

如今為文作集，借名「素俠」，並非妄自尊大，而是自我期許，希望自己能在起起落落的貪、嗔、癡心之中，終於活出一個素心；在顛顛倒倒的七情六欲之間，畢竟完成三分俠情。

秋日辰光，臨窗時而飄來游游的桂花芳香，風和日麗之外，又多了一層說不盡的好。曾經獨鍾梔子，標緻冷淨的花

容，卻是香氣襲人，年青時浪漫心情，喜歡的正是那種遠邈高傲中的濃冽情懷；如今，激情漸遠，中意的是桂花那股漫漫溫柔，恰好的清甜，不帶一絲丁點兒糾纏，卻是芬芳襲人。

住在大安路的時候，往來街巷，常經一棟門禁庭深的西式平房，在眾多參差雜遝的高樓之中，特別有一種靜穆，只有院角一棵桂樹，葳葳探首牆外，秋時花開，香氣遠溢，一路走近，每每動容，於是按捺不住拈手輕摘，一小撮香花，放在口袋中，別在鈕扣眼裡，這一天就歡喜了起來。

這獨隅的一樹桂花，豈不亦是一種素俠心情？

寫這篇短文，曾經自以為嚮往一種志氣、一種節操；現在入目，深感慚愧，因為字字讀來全是覺得自己很「優」、因無知而自大的「自我感覺」，其實充滿了頑冥不化的「我執」。

就是這個「我執」，把自己放大了，眼界侷促了，忙不迭地搞自我特殊化，其實是畫地為牢，只能在圈子裡兜著打轉，身心雜亂無章得很。

我，得了憂鬱症？！

又有一天，上網時無意中看到報上的一篇短文，文中列舉十七項負面的情緒反應，檢視憂鬱症的疑似患者：

1. 常常想哭。
2. 常常心情不好。
3. 容易發脾氣。

4. 睡眠品質不佳、失眠或嗜睡。

5. 食慾減退，或暴飲暴食。

6. 常感到心胸悶。

7. 身體無故感到疲乏、虛弱、無力、沒有元氣。

8. 無故煩躁。

9. 記憶力減退。

10. 無法專心做事。

11. 思想或行動變得緩慢。

12. 比以前沒有信心。

13. 凡事往壞處想。

14. 做什麼事都覺得索然無味缺乏興趣。

15. 身體常覺不適。

16. 覺得自己無用。

17. 鑽牛角尖，甚至想自殺。

文中建議讀者：如果在十七項的情緒反應中有一半以上符合、持續兩週以上，就疑似患有情感性的疾病，應該儘速就醫。

天啊！除了第十七項，雖然有時會覺得做人沒意思，但是因為實在怕死，沒有勇氣自殺之外，我差一點就Bingo！全部中標。至於第一、二、三項，因為我大部份的時間不是看電視就是上網看On-line 的報章雜誌和各類資訊，作為消遣，現實生活裡也少有可以發洩的對象，倒並不特別嚴重。

其它的十三項可就真的是我私密心情的全面寫照。

和Laura談到這事，她說：「也許妳不自覺地給了自己很大的壓力。妳記得嗎？我剛去Boston上班那半年，我的team partner欺侮我是新人，又是公司唯一的女性，把繁雜難做的事全丟給我，我每天晚上加班到九、十點，早上八點就得趕去上班？」

　　那一陣我很心痛女兒，她告訴我她很苗條，已經從size 2改穿size 1的衣服了。

　　「Size 1？什麼是size 1？我從來不知道有size 1這個尺寸號碼！」我氣急敗壞地說，警告她不能這樣再瘦下去，要她馬上去看醫生。

　　「醫生說我沒什麼毛病，只是工作壓力太大，要我儘量放輕鬆。我的皮膚敏感和cold sore也都多是因為工作壓力太大引發的身體反應。」

　　Laura初到波士頓工作的那一陣子，皮膚常常會蔓發一種小長方形看起來很詭異的紅疹，嘴角也老是長凍瘡，我總提醒她要多注意飲食營養，可能缺乏維他命C或E，要多吃水果。她很聽話，可是卻遏止不了這兩種皮膚的毛病，還冒出許多青春痘。原來，都是受壓力之害。

　　我當時要她再試一個月，如果工作情況不改善，立即辭職。好在，公司裡另一位較資深的同事打抱不平，向大老闆建議把她調到另一個以二人小組去了。

　　我幾年來飽受蕁麻疹之虐，待我在大熱天裡嘴角時而長出凍瘡，我想自己大約是出了狀況。

「溫水煮青蛙」效應

　　有一次，在書店的閱書區，好整以暇地坐著翻看隨興從架上挑來的幾本書，順手拿起了坐在身旁一個國中生津津有味看畢的、一本被推薦為學生優良課外讀物寫動物的書，其中講述種種動物的美德，和牠們值得人類學習及省思的許多行為，讀來竟然頗為有趣又極具知識性。一則有關青蛙的實驗，尤其令我深省。上網查了一下資料，竟是十九中世紀末美國康乃爾大學做的一個著名試驗：

　　把一隻青蛙丟進一鍋裡加熱至攝氏六十五度的熱水中，青蛙很快地從鍋中一躍而出；過了半小時，再把同一隻青蛙丟進一鍋冷水裡，在鍋底開火慢慢加熱，青蛙絲毫不覺悠遊游水中，等到水溫加熱至六十度，青蛙才發覺情況不妙，想要跳出鍋子已經太遲，活活被燙死了。

　　人類也和這隻青蛙一樣，對於顯而易見的災難毒害，至少知道及時反應及嘗試逃避，卻常常不能覺察或不願認知一些慢性漸侵的危害，直到無法挽救。

　　我患有高血壓症多年，直到六年前才正式去看診吃藥。

　　朋友介紹的曾大夫年紀才四十出頭，很直爽。他初次看我的心電圖，就很嚴肅地說：「妳不是受過高等教育嗎？難道不知道心血管疾病的嚴重性？」

　　「我一直不覺得有什麼特別不舒服啊！」我囁嚅地說。

「妳知道自己有高血壓吧？」我除了生產沒住過醫院，雖然偶發偏頭痛，那是普及千萬人到只能算是一種生理狀況，痛起來吃兩顆阿斯匹靈也就暫且無事，不當它是病。剛回台灣時做全身體檢，才知道那些阿斯匹靈曾經使得我三分之一的十二指腸潰瘍，但現已痊癒。此外我還有輕度高血壓。以後也曾斷續吃藥，後來索性停了。有天在朋友家心血來潮湊熱鬧量血壓，竟然量出高壓180低壓100，朋友要我趕緊去看曾大夫。

「妳看看妳的心電圖，那邊一堆病歷，七老八十的病患都沒有妳這狀況。」曾大夫用手指點著那張圖表說我的左心室肥大、心肌部份缺氧、血管有冠心狀症狀……。

「那我是不是很快就會死啊？」我大氣不敢哼，小聲地問。

「若是死了，倒也算了。死不了，癱了，妳怎麼辦？」說著，曾大夫笑了起來：「還沒到那麼嚴重的地步啦！可也不是嚇唬妳，妳真的要好好吃藥，注意飲食，多運動。」

我的十二指腸潰瘍和高血壓現象，純粹表明了我根深蒂固的白目青蛙習性；連眼前鼻下自己住在千萬個格子框裡都毫不知悉，我心智的朦朧混沌可想而知；自詡「結廬市井間，不聞車馬喧」的自視清高，搞不好根本就是心識閉塞矛盾、胸襟淺薄、自困於彈丸之居，做了自我感覺的牢囚。

而週而復始什麼事也不想做的失意喪志，與日以繼夜不明所以感到的極度疲憊，有一天終於讓我下定決心：不能讓我的心智障礙造成體能障礙和情緒障礙，或是vice versa讓我的情緒障礙造成心智障礙和體能障礙；我，不能再如此浪費我的生命。

一般說來，只要檢視上述的十七項負面情緒反應，若發現自己符合的有一半以上，或是較嚴重的情況如：不能自已常常哭泣或暴怒、持續性失眠或嗜睡、毫無食慾吃不下東西、或是體重直線驟降卻找不出病因，尤其是完全無法處理壓力、動輒歇斯底里、凡事鑽牛角尖、覺得自己沒有用、人生沒有意義等情況，若是持續兩週以上，真的要儘快求醫。

俗語說：「心病還得心藥醫。」要「望聞問切」對症開這心藥方子，我的無論有關生理或心理的醫學知識絕對不足，但是，我若一旦認知遇到疑難雜症，向來認為至少自己要先盡量弄清楚狀況，然後再思對策。

去看曾大夫時曾對他抱怨：「我最近情緒有夠低潮的。」他問：「會失眠嗎？」我有時會因為白日睏盹，晚上反而睡得晚，不能說是失眠，雖不致於夢魘，但時而多夢、夢境又常曲折複雜，所以睡眠品質差，醒來反而累；「那麼，我開一些0.25mg的Sanax給妳，這是一種輕微的精神鬆弛劑，妳若不好睡，睡前吃一顆。情緒真的不穩定，它也可以讓你放鬆一些。」

Eric聽我說了幾次情緒沮喪，建議我去看心理精神科醫生，我告訴他連曾大夫開給我的鎮靜劑我都極少吃，大約還不需求醫，先試著調整生活步調再說吧！一來真的不想多吃藥，二來覺得自己無論經濟與身心兩方面，還都能保持獨立自主，現實生活上並沒有什麼真正急著的壓力，也許先在情緒管理上下工夫，不藥而癒也是可能的。

原先想要追究身體狀態的失調，看了幾個醫生，作了些檢測，「頭痛醫頭，腳痛醫腳」既然不管用，我開始探索一些與

憂鬱症有關的資訊，確認了這些年、尤其是這兩、三年來，我一直遊走在所謂「藍色風暴」的憂鬱症邊緣地帶。

情感性的疾病──躁鬱症與憂鬱症

國際勞工組織（ILO）將憂鬱症（Depression）列為二十一世紀員工失能的重要病症之一。

二十一世紀地球上的三大黑死病將是：癌症、愛滋病及憂鬱症。預估到2020年時，憂鬱症將僅次於心臟血管疾病成為全球人口第二大死因。

根據世界衛生組織（WHO）統計，目前全世界約有3%近兩億人口罹患各式各樣程度輕重不一的憂鬱症。

美國有1800萬人為憂鬱症所苦。每三個人中就有一人現在或曾經罹患憂鬱症。自殺率節節攀高，每年有三萬人結束自己的生命。

台灣醫院求診有病歷的憂鬱症患者，有七十餘萬人，估計潛伏的患者至少有兩倍以上。

報紙上常常看到這樣令人觸目驚心的標題。

憂鬱症彷彿是「藍色」的瘟神，旋風式地襲擊人類，影響力日趨嚴重，醫學界對於憂鬱症的瞭解卻並無絕對的定論，對

於如何治癒憂鬱症也沒有確切的把握。因此更使憂鬱症成為潛伏於地球上各角落人群中「明日的隱憂」。

人在精神方面的鬱卒沮喪、缺乏信心與心理上的痛苦煎熬、畏懼驚恐等負面情緒，常會影響人體各種器官系統的功能，造成頭痛、失眠、記憶力減退、頭昏、眼花、食慾減退或暴飲暴食、心悸氣促、腰酸背痛、消化不良、便秘或腹瀉、性生功能衰退、手腳冰涼冷麻木無力等等身體者病症的根源，其實來自於情感性疾病（Affective disorder or mood disorder），也就是一般所說的躁鬱症和躁鬱症。

在香港影壇叱吒一時的名演員張國榮；時常嗑藥鬧事的女藝人陳寶蓮，自廿幾層的高樓跳樓自殺；徐子婷因男友劈腿結束自己二十年華的青春生命；六十歲的台灣綜藝秀場祖師爺倪敏然，嬉戲舞臺人生數十年，卻在真實的人生選擇了不歸路，上吊尋死；女子因與夫不和帶著兩個幼兒喝農藥；失業男子因妻子出走而開煤氣攜子女自殺……。

電視上常常看到這樣令人驚悚唏噓的報導。

憂鬱症的終極患者常會認定，只有結束自己的生命，才能結束不可承受的痛苦。這難以負荷的痛苦，有時來自於具體的傷痛，更多時候卻是虛無飄渺、看不到摸不著的憂鬱。自殺實際上是因不能面對現實的情緒障礙而引發的非理性行為。自殺者常常並不能真實認知，因自殺而步向死亡的不可逆性。

凡是人都會因為情緒反應造成機能障礙，人的感情不是一定用邏輯就可以解釋的。但是，一般的情緒反應通常只是一時性的，如果持續兩週以上，尚且不能排除負面情緒而影響到日

常生活作息及工作，就應該心存警惕自問：我是不是有點頭殼壞去了？！

　　腦內的化學物質不平衡，會令人產生情緒障礙、較有悲觀傾向、無法正確評估日常的生活事件、容易有挫折感而覺得沮喪無助。我就曾經在無意之中，親身經歷過這樣突如而其來的、相當嚴重的情緒障礙，這才領略到，原來人的情緒真的會被化學物質操控而不能自已。

　　許多年前的事了。時逢聖誕節，我自台返美看孩子。Eric在紐約大學唸醫學院，Laura在華爾街的Goldman & Sachs公司工作，租了第一個自己獨居的公寓，是一幢Brownstone的第一層，長條形的公寓麻雀雖小五臟俱全。Laura把小公寓打理得很像樣，她還真不簡單，十指纖纖，竟然連那張大木床都是自己一人組裝起來的。

　　「可以上Ikea 的catalog啦！」我半打趣地讚她。

　　「沒辦法呀！我只買得起Ikea。可是，我盡力了。妳看，這張地毯是皮條編織的呢，找了好些日子才找到這條灰白相間的，可以配屋內的銀灰色系，價錢也公道。」

　　以為嬌生慣養的女兒很獨立能幹，是自高中就住校，七年多以來，因為父母先分居後離婚，沒有媽媽在身旁照應的緣故吧！住在Laura全新佈置的第一個家，Eric有空就過來和我吃個飯，三人相聚不是出外旅行、不必住旅館，我感到安慰又愧疚。

　　只是，我又感冒了。

Laura仍是早上七點多鐘出門上班，晚上八、九點鐘回家，公司供應的早餐有：牛奶、奶酪、優酪乳、水果、麵包、bagel一應俱全，coffee break時還有各式甜點，午餐自己打點，過了下班時間還在工作，晚餐則可以在美金三十五元之內叫外賣，回家可以叫與公司簽了長期合約的轎車、不必坐地鐵或公車。

　　我在紐約兩星期，除了聖誕夜和聖誕日，Laura日日早出晚歸，週末更離譜，和律師樓裡的人一塊在印刷廠趕文件，常常清晨四五點才回家。供應早晚餐和轎車，說得好聽是公司的福利，只是，以她的薪金和工作時間及精力的付出比較，她一個人做三個人的事，還等於是只拿車馬費的實習生。

　　我感冒，Laura給了我一盒Contact。時差加上感冒讓我覺得很不舒服，性子變得很毛躁，Laura忙著上班，回家經常沒多久倒頭就睡，根本沒時間看電視，家裡沒接有線電視，我只能看些陽春又時常重播的電視節目，頭暈沉沉的看書也看不久。

　　因時差而睡眠失調的情緒愈來愈惡化。晚間睡不著怕吵到Laura，悶聲摒氣的，使我在白日裡更心躁氣急，覺得空間太侷促，逼得我快要喘不過氣來，睏得很想睡，躺不了幾分鐘又爬起來，後來竟然坐都坐不住了，在屋裡踱來踱去，情緒變得非常不穩定，沮喪、懊惱、自怨自艾、怨天尤人，覺得人生不公平、做人活著實在沒什麼意義。待我每隔三兩小時就非得到外面走動透透氣時，我不安穩的情緒更跌落到從來不曾有過的低潮，不時會情不自主地哭泣、把頭悶在枕頭裡吶喊。這些情裡我都沒告訴Laura，她只知道我睡不好。

　　直到我埋怨感冒老是好不了，得去買Contact時，她驚呼：

「妳把那一盒廿四顆全吃了？！那是最多早晚一顆有十二小時長時效的啊！」我沒注意包裝紙上的說明，竟然吃了雙倍甚至三倍的藥！顯然我的情緒受到服藥過量而中毒的化學效應影響，這在包裝紙上是有明文警告的。

此後，我非必要絕不吃藥，吃藥一定看說明，並且上網查資訊。這次經驗也算是讓我嘗試到情緒失控的真實感覺，多少知道提醒自己在一定限度之內及早縮住心情，以免掉入情緒崩潰的陷阱。

情感性疾病可分類為躁鬱症（bipolar disorder）和憂鬱症（major depression），人為什麼會患有這類疾病呢？一般的理論傾向將之歸咎於一個人的基因生化以及環境因子。遺傳使得有些人先天就較易發生腦部化學物質不平衡的現象，而生活中的壓力事件則是促使發病的導火線。

醫界其實對情感性疾病仍是一知半解、眾說紛紜，但大致認同腦內部的生化不平衡，是由於神經傳導物質血清素（serotonin）短缺；其肇因又在於：人在面對現實或想像的「危險」狀況時，身體本能地會釋放壓力荷爾蒙來應付外界的變化，但是長期的壓力所造成的慣性反應，會使這些化學物質的正常性改變而影響腦部功能。

就拿當年在紐約工作的Laura來作一個例子：一天，她因昨晚在印刷廠監督校對合約印製，清晨三點才回家，被鬧鐘驚醒又耐不住回頭再睡，過了一個鐘頭突然警醒，上午十點要和客戶簽昨晚趕出來的合約，時間已經八點四十五分，她趕緊洗頭洗澡，要吹乾頭髮時卻發現吹風機壞了，頂著濕漉漉的頭出

門，沒多久繞回來，說忘了帶她今晨拿出來檢閱、今日會議必需的備忘錄，又說外面又是雨又是雪、公車誤時人又多，匆忙趕緊打電話叫車送她上班。

這當兒，她腦中無聲的警鈴大作，開始分泌腦內啡（endorphin），以減輕可能的疼痛。而腦中的一波神經傳導物質中的血清素，通過她的神經系統，在逐一的細胞裡發出警訊，下部視丘會分泌CRH來通知釋放其他的荷爾蒙；腎上腺素則在得訊的即刻分泌腎上腺素（adrenaline）、去氫上男性酯酮（DHEA）及皮脂醇（cortisol）三種壓力荷爾蒙。

這些化學物質傳到交感神經，人體會發生反應使得心跳加速、血壓增高、出汗、手腳發冷，部份血液離開血管末梢和消化系統，進以肌肉，準備迎戰或者逃避，瞳孔也會放大，視力、聽力都特別靈敏，開始要做反應。這是人類逃生避險本能的生理機制，對人體而言是必需的軍備，但是一旦壓力揮之不去變成根深蒂固，這些化學物質的正常路徑便產生改變，血清素與去氫上男性脂胴短缺變少，皮脂醇的分泌量又增多，這種不正常的生理效應，會使人沮喪憂鬱。

那晚，Laura精疲力盡回家，第一次讓我看她腿上星星點點米粒般大小的紅症。

早期的心理學大師弗洛依德，就性格因素導致憂鬱症的說法，提出的「肛門期理論」主張：人在一歲半到三歲的肛門期階段，即是在大、小便需要照顧和訓練的這段期間，會有供給欲求，如果親子關係良好，供給欲求受到完善的照料與保護，可以培養兒童的自信與對他人的信任，而增強日後的社會適應

與競爭能力；反之，如果孩童在肛門期受到壓制、謾罵、處罰及虐待，長大後可能會形成缺乏自信、有罪惡感、容易內疚自責而易有憂鬱症的性格特質。

類似「肛門期理論」的學說，認為幼、童年環境對人格特質影響深遠，究竟影響有多大，至今仍然無解。卻有許許多多實例證明，不良的親子關係，如幼小時甚至哺乳及肛門期被剝奪溫暖與關愛的孩童，因之養成感情上的匱乏感，確實使這些孩童成人之後，缺乏自愛、自尊、與自信的內在資源，而具有憂鬱性格傾向，遇到挫折與打擊時，抗壓性較低、很容易否定或重拾自己的存在價值。

我四歲的時候，有一天清晨，在上海外婆家弄堂房子那間黑幽幽房裡的大床醒來，發現寵愛我的父母帶著弟弟自此消失無蹤，聽說我曾經大哭大鬧，我卻沒有記憶。此後的童年歲月，跟著外婆阿姨、衣食無缺，好似都很快樂；成長的歲月也很朦朧，過得興高采烈；也許正是因為我在孩童時期得到了無所匱乏的關愛吧！

然而，近年，尤其這一、兩年以來，或弱或強、或多或少的憂鬱症症狀，除了現實環境造成了精神壓力之外，在我青春不再的身心深處，是否仍然躲藏著那個在黑暗的屋子裡、因為感到被最信賴仰仗的父母遺棄，而不安地哭喊、幼小的我呢？！

記憶常被歲月塵封。突然回想起，我在初中到高一的那幾年裡，晚上睡覺時常會因為想到死亡而害怕地哭泣，當時在現實生活裡，我和死亡甚至病痛完全隔絕，那樣的惶恐，是不是因為將潛意識裡從小失去父母溫暖懷抱的不安全感，轉而投射

到對於「生命無法避免終止」這一不可否認事實的恐懼呢？

　　對憂鬱症有了概括的瞭解，至少可以把自己提昇到情緒障礙的迷陣之外，儘量想法紓解負面情緒，提高精神層次甚至體能的生活品質。

　　承認症狀、找出病源，瞭解自己對壓力不恰當的反應，乃來自腦中化學效應的誤失，是一種可以靠藥物及臨床治療來改進的生理狀裏；而「心病仍需心藥醫」，調整自己的日常生活，正常運動、正常睡眠、良好的社交、以及愉快的工作，可以讓你逐漸遠離憂鬱；另有研究證據顯示，瑜珈、冥想、信息醫學及互相扶持的病友團體，也都有助於降低讓你憂鬱寡歡的元凶——皮醇脂的分泌。

Mirror, Mirror, on The Wall
——你，得了憂鬱症嗎？

　　每天早晨，看鏡子的時候，你是否真的仔細打量過應該是你最熟悉的那張臉？

　　有一個小故事頗能引人省思。

　　有一個大盜，犯案無數，盜竊了許多富家豪宅的珠寶古董名畫藝術品，沒有一次失手。他得意忘形變得妄自尊大、有一次作案，滿載而歸要離開作案現場時，走過一面鏡子，他一時興起，隨手扯下作案時絕不離臉的面罩，對著鏡子呲牙咧嘴而笑，稱讚自己是最英俊的天下第一雅賊。

躁鬱症的症狀

　　情感性疾病中的躁鬱症，和情緒消沉低迷甚至絕望的憂鬱症，有相當的差異。躁鬱症可分躁期和憂鬱期兩種不定時交替出現的症狀，患者在躁期時經常會：

* 情緒高亢，過度樂觀和不切實際的自信
* 精神持續興奮狀態，不易疲倦
* 身體和心理活動增加，說話速度快，思考快速衝動
* 容易分心，判斷力差
* 莽撞的言行
* 自大妄想，自我意識膨脹
* 嚴重者會有幻覺

　　有躁鬱症傾向的人，比如坐雲霄飛車，亢奮起來，精神狀態和體力都升到最高點，情緒低落的時候又彷彿掉落黑暗的深淵裡。

　　不料，幾天後，他在公園散步時竟被警員拘捕。

　　「我隱姓埋名，從不與人來往，你怎麼找到線索破案抓到我？」那賊沮喪地問。

　　「哈！你照鏡子時脫下面罩，監視器一清二楚全都錄下來了。」警員說。

　　「可是，我很謹慎，從來沒有留下任何登記在案的個人資料啊！」那賊百思不解。

「我們依憑你鏡中的相貌，確實找不到任何有關的資料。但是，誰教你膽大包天，左臉上有那麼大的一塊胎記，不怕被認出來，還大模大樣到處亂逛？！」警員哈哈大笑地說。

那賊不愛看自己臉上的胎記，每次只以右臉對鏡，積年累月的，他竟然完全忘記臉上有個大胎記了。

這故事也許是虛構的。覺得太誇張嗎？早晨洗臉照鏡子的時候，不妨仔仔細細好好端詳，你也許會突然覺得，鏡中的那張臉很陌生。

額頭上的抬頭紋不知何時突然變成好幾道？原來，兩根眉毛不但形狀長得不完全一樣，還一邊高來一邊低；眼珠子竟然是棕色不是黑色的？魚尾紋好像蜘蛛剛結的網；臉頰怎麼兩邊不一樣大？眉心裡什麼時候長了一顆痣？

即使是天天看的、應該是最熟悉的、自己的臉，不知什麼時候開始走了樣？！

你恍然覺察到，歲月的風霜在臉上刻劃痕跡，曾經的喜怒哀樂也在臉上一覽無遺。

再看看鏡子裡的你，是否眉頭緊鎖？眼神哀傷？或是目光冷漠？嘴角下撇？是一臉愁容呢？還是面目可憎？

如果你看到的不是一張笑容可掬、慈眉善目的臉，也許，你應該檢視一下，自己是否忽視了以下所列舉的一些不尋常的心理或生理現象。

身體機能障礙

* 注意力難以集中，記憶力衰退。
* 遇事患得患失，易有焦慮感；猶豫不決，決策困難。
* 語言或思考、身體動作變得緩慢。談話內容閃爍多變、話量減少、語音平淡、抑揚頓挫起伏小。或是時常緘默不語。
* 沒有「性」趣。
* 持續對治療無反應的軀體症狀：
頭痛，頭昏眼花，頭暈，頸項僵硬。

　　掉髮－憂慮及恐懼可以讓你每天比正常情況多掉落兩至三倍的頭髮。更嚴重的情況會造「鬼剃頭」，頭髮掉落在頭上形成一個個如同十元錢幣大小的圓形禿塊。

　　皮膚過敏－各種皮膚疹，蕁麻疹。
　　心悸、心慌、恍神。
　　呼吸不順暢，氣結、氣急。
　　腸胃不舒服、消化不良。胃痛、胃脹。
　　經常性的便祕或腹瀉。
　　膀胱痛、頻尿。
　　性行為時疼痛。

　　慢性疲勞症候－疲勞、虛弱、無力、精神不振、沒有元氣。長期因疲勞倦怠而苦，卻找出原因。情緒障礙常會導致「免疫系統雜亂」，可能是一種或多種病毒因子參與，生活事件

或負面情緒體驗為其感染提供了方便之門，致使免疫功能異常而導致慢性疲勞症候。

睡眠障礙

* 失眠－雖然精疲力盡、混身酸痛，卻依然輾轉難眠。睡眠品質差，時常醒來。多夢，夢魘。
* 嗜眠－白天常打瞌睡，即使晚上睡得再多，也感到精神不濟。

飲食障礙

* 食慾減退，美食當前仍然食不下嚥。體重減輕。
* 暴飲暴食，無法控制食慾，體重增加。

情緒障礙

* 沒有「興」趣，厭倦日常生活，凡事都不感興趣，即使對已往有興趣的事也提不起勁來。
* 與人隔絕，沒有活動意願。不參加社交活動。
* 無法解釋的哭泣、終日的沮喪、不能排除極易觸景傷懷的憂悲情緒。
* 心神恍惚，急躁不安，無法安靜，容易發怒。
* 過分擔憂焦慮，凡事儘往壞處想，悲觀。

心理障礙

* 缺乏自信。不能接受他人的負面批評，又自怨自艾自憐，憂煩不已。
* 罪惡感。總覺得自己不夠好，做錯了事，疚由自取，或

是傷害了別人。

* 恐懼感。對現在不能滿足，又唯恐失去所擁有的；對未來沒有把握，感到迷茫不知何去何從。

* 無力感。遇到挫折，沮喪失志，覺得自己身陷現實生活的泥淖中不能自拔，妄自菲薄；對自己的人生，感到悲觀、無助又無奈；終日感到失落而惶惶不安。

* 對人和事作負面反應思考。鑽牛角尖，覺得人人負我；不甘心，覺得自己的付出與得到的回報不成比例，得不到公平的待遇。

* 冷漠。只顧自掃門前雪，不願參與人群，不願付出關心。

* 妄想。不現實的幻覺。譬如：覺得自己是被陰謀迫害的目標，或是成日惶恐害怕地震等災害發生等等不實際的恐慌。

* 時有自殺的念頭或實際行為。覺得被世界摒除在外，懷疑自己或是生命的根本存在價值；覺得痛苦地活著毫無意義，生不如死。

走出「藍色風暴」的邊緣地帶

一個能夠和我無話不談話、還老是搶話說的老友問我：「到底什麼事才能真正讓你快樂？」

「如果我已經有答案，妳現在就不會問我這個問題了，不是嗎？」我這樣回答她。

快樂是幸福的感覺麼？！幸福常是包涵、仰仗著與他人或外界的互動關係：我的家庭很溫暖、我的婚姻很圓滿，我愛的人很愛我、我的才華受到賞識、我的才能受到肯定、我的事業很有成就、我的努力讓我得到了財富；這種種讓感覺你幸福的事，卻不一定恆久永遠，潛隱的或是不可預知、現實的變化時常突如其來：家庭發生變故、婚姻破碎、愛人移情別戀、才華被埋沒、才能被否定、事業跨了、財富賠了，於是，你一蹶不振，覺得自己很不幸。

因為仰仗他人或外在環境，所以就會有所期待、計較、焦慮、失望、悔恨、怨懟，七情六慾糾纏盤結，充其量只能在你如意得意之時換來一時官能上的快感，一旦失意，負面惡性的百感交集，你如何能夠快樂得起來？

一個人想要快樂，大約只有從心底成為快樂本身吧？！認清自私、貪婪、吝嗇、懦弱、自卑這些人性弱點，正是根植在自我裡與快樂作對的那些惡因，若能糾正自我的這些人性弱

點，把追求幸福的慾望變成要求自己進步的動力，能夠養成豁達自在的人生態度、積極而自信，勇敢無畏、少有恐懼，那麼，「從此以後，他們就過著幸福又快樂的生活。」大約不是只有故事書裡才有的神話了罷。

要走出憂鬱症這個「藍色風暴」的邊緣地帶，我是這樣自我期許著的。

你是自己最大的敵人

這就要回頭說「自我感覺」了。「自我感覺」，是維護自己免於受到傷害的盾，這個盾，還得配套加上一支長柄有尖刃的矛。

讓自我感覺好，就會時時膨漲自我，豎起那面盾：「我雖然長得不漂亮，但是我皮膚白」「我不是得不到名利，而是不屑於追求」「你有銀子，但是我有腦子」；要讓自我感覺不受到打壓，就會經常詆毀他人，伸出那支矛：「她身材那麼好，一定是去隆乳了」「他那麼快就當上副理，全靠他會巴結老總」、「他是靠他老爸做後台，才拿到那件企劃案」。

其實「自我感覺」本身無罪，自尊自重自愛及自我期許也都是自我感覺，只要做事努力認真、做人磊落坦蕩，你就不需要那一對可以是沉重負荷的盾與矛了。

「恐懼」與「自憐」

我們害怕被人家看穿自己的無知、愚蠢、軟弱；唯恐被拒絕、被羞辱、被背棄、自尊被損；一旦這些恐懼受到他人或外

界因素的刺激，我們自怨自艾自憐之心油然而生，覺得自己無用、懷疑自己的存在價值因而沮喪失志。

「計較」與「忌恨」

我們常常隨身攜帶一個無形的天平，天平一端秤的是：「我，得到了什麼？」得到了不夠多，該得的沒得到，得到的又不夠好，如此這般盤算；一端秤的是：「他，得到了什麼？」他不該得的卻得到了，該我得的卻是他得了，他得到的不該比我得到的多，他該給我的給少了，他該給我的沒有給，如此這般計較；時時不忘腦裡一本盤算計較的帳簿，結果免不了經常招惹心中的許多煩惱忌恨。

負面思考模式

心理學有一條定律指出：負面感覺是無法自動消失去除的，除非以正面感覺取而代之。

正視並且承認自己的錯誤是消弭罪惡感最好的方式，不要陷溺在後悔的自責裡，積極地以言行建立正面思考模式。

不要說：「我真糟！這全是我的錯！」要謙卑認錯，然後說：「給我改錯補償的機會」；不要說：「我什麼都做不好。」要找出做屢好的原因，然後說：「我如果這樣做，就會比上次做得好。」

學會容忍，不是逃避：能夠寬恕，不是軟弱；容忍與寬恕，往往需要比反擊和報復更大的勇氣和智慧。

有一個同學的哥哥，受了初戀愛人絕情他嫁的刺激，倉促決定娶了一個他認為長得很像初戀愛人的女孩，卻很快地發現，愛情只能重生無法取代，而兩人的個性更是水火不容。婚後不久，為了避免爭執吵鬧，他開始時常在外逗留，他未婚就懷孕的妻子個性激烈，甚至在大雨滂沱的聖誕夜，叫了三輪車，大腹便便的她，到他朋友家一家一家追蹤，結果三輛車翻車，她因此早產。

　　之後，這兩人的感情每況愈下，他不斷在外尋芳，她始終糾纏不放；在電話裡裝竊聽器，隨時準備捉姦打鬧；到丈夫公司抱怨沒有家用，請求把丈夫的薪金直接交給她，又時常打電話或親自向丈夫的上司哭訴；卻怎麼也不肯在離婚書上簽字。

　　二、三十年下來，數十年如一日，她最大部份的精力就是用來和丈夫作對。本來很標緻的面容，變得愈來愈尖銳；沒有一天能夠快樂地好好過日子，身體當然不會好，人瘦得皮包骨，成日與藥瓶子藥罐子為伍。她丈夫也被整得很慘，原來是家世背景很好的公子哥兒，也算聰明知道進退應對，卻因情緒及私生活直接或間接的不斷干擾，工作時常受到挫折而沒有什麼成就，有一段時間還被情況逼得從家裡搬出去，租了一個小套房，很讓人感慨。

　　問她為什麼這麼死心眼，放過他，說不定她早就另締良緣，在仍然青春的歲月裡真正尋得快樂幸福；老是扯丈夫後腿，弄得他心神不寧，生活不愉快，工作也受影響不成氣候，對她又有什麼好處！？她說：「我確實錯過了幾個好對象，但是我不在乎。他傷我太深，我要把他給我的痛苦加倍還給他。他事情做不好，工作不順利，關我什麼事！我自己有工作，反

正也不靠他！」

　　恐懼、自憐、盤算、計較，這些不甘心的情緒只會透支生命的能量；放不下的痛苦是對自己無止盡的折磨；不能原諒就會怨恨，能夠原諒，卻往往可以癒合你的創傷，讓你的心靈因此得到安寧；退一步海闊天空，放過了別人，自己也可以重新開始。

你的個性影響你的人生

　　有兩個鞋廠的推銷員，各自提出某偏遠卻廣大高山地區的推銷方案，一個說：「那裡的人都不習慣穿鞋，而且他們沒什麼錢，大概捨不得花錢買鞋子，不會有市場。」一個說：「那裡很少人穿鞋，正是我們擴展新業務最好的處女市場，我們可以做機會教育告訴他們，穿鞋保護健康、實用、舒適又美觀，文明人很少不穿鞋的；他們捨不得花錢買鞋，我們的鞋最牢固耐穿，價錢又平實，正好可以打動他們。」

　　兩個銷售員，一個悲觀保守消極退縮，一個樂觀開放積極進取，你說，誰的事業前途和生涯規劃較有勝算呢？

　　「是個性，而非能力，決定最終成敗。」這一條黃金定律，行為學家不敢忽視。你的個性影響你對人生的看法，你可以擔心驚怕、把自己的人生看作是一連串糾纏的問題、難解的恐懼和一次又一次的失敗；也可以寬闊開朗、把它看作是經驗的累積，充滿了機會和冒險經歷；怎麼過，就看你的選擇了。

面對事實,不再否認自己的精神狀態出了差錯

許多人覺得承認自己得了憂鬱症,無疑是否定自己、確認自己是個不如人的失敗者,因而覺得慚愧甚至引以為恥。

隱形的情感性疾病患者或是疑似患者,至少比已經求診的患者多出二至三倍,人總是習於粉飾太平。冷靜地審視自己的心理和生理狀態,也許可以適時扭轉困惑你的現狀;也要關懷周遭的親人和朋友,也許可以及時伸出迫切需要的援手。

漫不在意、懵懂不知、躲避否認自己的情緒管理有問題、精神狀態出了差錯,時常矇蔽你的眼睛和心智,讓你逐漸走近「藍色風暴」非常不太平的陷阱。

給自己三個六十天,讓你煥然一新

神經學證明,任何事物只要不斷重複十八天,就能在腦中創造新的記憶;行為學也證明,三十天可以改變舊習慣,同樣地,三十天漸進重複地做同一件事,也可以養成新習慣。

英文字drilling有好幾層意思,其中一意是鑽孔。我家後面在蓋大樓,最讓我費勁去克服的是鑽孔機的聲音,這鑽孔機要把已經鋪好的厚層水泥打碎,再鋪地磚或泥土種植花木,它可以整天十數小時不停地鑽、不停地響,但是,花了工夫,一定有成果。

Drilling另一個常見的用意是操練,球隊操練球技,軍隊操練演習,都必須不斷地做同樣的動作、重複地排練各種陣仗。

除舊佈新真的要費工夫,但是能夠專注不間斷地做,持之

以恆，成效肯定是立竿見影的。

三十天改掉舊習慣，三十天養成新習慣，一而再，再而三，給自己三個六十天，身心都可以更新。

第一個六十天是緩衝期。譬如減肥要靠節食和運動，很少有人可以立即進入狀況，做到每天只進食一千二百卡熱量的食物，每天可以運動一小時。從小處做起：戒吃零食、少吃油膩油炸食物，每天走路十五、三十分鐘，最重要的是每天都這麼做。新習慣要花時間「養」成，更要化時間先「除」掉舊習慣，操之過急往往不能持久，中途而輟。

第二個六十天是調適期。除舊佈新是一個拉鋸戰，走三步退兩步，舊習不會一下子就消失不見蹤影，常常會像夢魘一般乘隙偷襲，沒關係，停下來，喘口氣。有時候不必硬要錯過那頓美食；有時候也不妨在家懶散睡上一整天；休息只是暫緩，不是中斷。

第三個六十天是實踐期。每天吃什麼、怎麼吃、吃多少，每天做四十五鐘運動、上下班或午休不放棄走路的機會等等，有一定的目標，但是不要給自己太大的壓力，什麼事輕鬆點做反而做得好。

只要堅持，三個六十天，我決心讓自己煥然一新。

釐清情緒

　　要解決一個問題，必須先認清這是怎樣的一個問題，瞭解問題的本質及所以成為問題的癥結是什麼，然後再探討能力所及的解決方式，盡量卸除造成問題的障礙。要排除困擾你的情緒障礙，首先一樣也需要釐清情緒本身的傾向，才可以試圖去解除造成障礙的癥結。

人生無悔

　　有兩個好朋友，都是太空恆星計劃裡太空人諸備人員，結果，一個被選上在睡眠狀態中飛越時空，直到抵達恆星目的地後，再進入睡眠狀態返回地球；另一個則決定從此恢復平民生活。

　　幾十年後，太空人返回地球，面貌身體年輕依舊，又得到了許多榮譽名利。他的平民老同事去探望他，他問：「這麼多年了，你好不好啊！」

　　留在地球上鬚髮俱白的那人說：「啊！在你走後第二年，我和相愛的女人結了婚，開了家顧問公司。現在，我的一對兒女都成家立業結婚生子，我最小的孫女兒已經是高中生了。我的公司熬過了好幾個難關，總算經營得小有成就。我的父母一直住在附近，幾年前父親過世了，我夫婦倆就把母親接來一起住。前年，我得了攝護腺癌，癌症痊癒後，我覺得也該休息了，就把公司賣了，把錢捐給慈善機構，留下一點錢，買了個山坡下有小果園的小房子，現在可正是梨花盛開的時候，那天，你有空來玩，空氣清香得很呢！」

「啊！我還問你好不好！You have lived！」太空人很為老友感到欣慰，眼角卻濕潤起來。

歸根究底，人生只是一個生老病死、由無生有由有歸無的過程。是否能夠如願以償，不一定完全由得了你；你過得好不好，卻是端看你對人生的態度和因之而作的選擇。

不畏失敗

邱吉爾說：「如果你不能忘記歷史，牢牢抓住過去，你可能失去未來。」過去已往，一旦落筆即無法塗抹，你不能改變既成的事實，後悔怨懟完全無濟於事；起手無回大丈夫的精神，全在於不畏失敗、痛定思痛之後，重新整裝再出發。

沒有人能夠永遠做贏家，放棄再嘗試你就注定是輸家。保持冷靜、探討失敗的原因，專注解決問題而不是一昧抱怨問題；階段性不斷檢視問題，以免闖禍的故態復萌；小有改進就要獎勵自己，可以提高迎戰問題的士氣；失敗的經驗累積你克服挫折的能力，而即使一切從零再開始，即使每一步路都走得辛苦，都是在為你的生命之樹添加養分。

面對困難

一定知道鴕鳥把頭埋在沙裡的寓言吧！鴕鳥碰到危險時常常把頭埋進沙裡，以為只要自己看不見就可以逃避危險。聽起來很蠢，仔細想想，在遇到危險或困難時，自己是不是常常像鴕鳥一樣，以為視而不見就可以逃避現實？！抑或是像熱鍋上的螞蟻焦慮憂心地團團轉呢？

鴕鳥雖然笨，牠看似埋首沙中，其實只是低頭吃東西；碰到困難危險，卻絕對不是矇著眼就可以躲避的。面對需要進一步解決的事，要有決心應對，採取主動，盡自己能力所及尋求解決之道；一旦身處當下無法脫困的逆境，更要有忍辱負重的勇氣與堅毅，等待隨時可能來臨的機會。

熱鍋上的螞蟻再怎麼團團轉，可能仍然逃不過悲慘的下場；不能解決的事，擔心真的沒有用，反過來說，能解決的事，又何必擔心？！

拒絕放棄

「Life is Random」、「At Random」這一辭句，來自古老法文的「A randon」一辭，描述野馬桀驁不馴的行徑，常是無法預料或難以控制的，馴馬師必須隨機應變，並且持續堅持地與野馬抗衡直至牠馴服。人生好比野馬難馴，世事難料、常有變數，隨機應變是因應的關鍵，拒絕放棄卻可以讓你最終操控韁繩。

也許你一直未能得到你該得的認同，也許你不曾完全成功地達成目標，正因為你拒絕放棄，你會不斷學習，一再進步，不斷超越自己。

蘋果電腦的執行長史帝夫‧賈伯斯，二十年前，被自組的董事會趕出自創的公司，二十年後，他不但重返、重振蘋果，而且史前無例地一人掌控、並且重新塑造了電腦、動畫電影及音樂三種產業的面貌。若不是他有不畏失敗的勇氣，敢於面對困難，一再拒絕放棄，就不會有《玩具總動員》、《蟲蟲危

機》、《怪獸電力公司》、《超人特攻隊》等劃年代的超酷動畫電影，也不會有今日風行全球音樂迷、拯救了全世界音樂企業的iPod。

盡力而為

不必好高騖遠，但是一旦選擇了目標，就要對自己有期許，要有目的地努力學習，不斷地再成長、再突破、再超越自我，你會發現你每一分精力的投注，就好像銀行存款的複利，豐盛累積。

不要對自己吹毛求疵，壓力常常來自於不能認知自己能力、或者外界環境的局限。五音不全，即使拼命去學唱歌也等於緣木求魚；決心儘量發揮所長，不向逆境屈服才是盡力而為。

第二個「但是」

「這種事怎麼會發生在我身上啊？」「以後我該怎麼辦啊？」「日子怎麼過下去啊？」世事不可能件件圓滿，難免有憾，卻要一再相信：明天會比今天好。

有一個年青人，在騎摩托車上學的途中，被一輛卡車撞到摔出數丈距離之外，摩托車被輾得粉碎，他喪失了神智，但是，四肢俱全保住了生命；他臥床昏迷多年，他的父母和姊妹輪流探望他，替他按摩，對他說話，就這樣日復一日，三年的時光過去，醫生勸他家人要有心理準備，他可能永遠不會甦醒。但是，有一天，他突然睜開眼睛了，還恍然不知發生了什

麼事。

　　奇蹟處處皆是，要有信心：明天永遠充滿希望，人生永遠
有第二個但是。

肯定自我

　　偶而去墓園的時候，經過一個個墓碑，看到上面寫著╳
╳，╳年╳月╳日生，╳年╳月╳日死，從生日到死日之間劃
著一道橫槓，代表的是這人怎樣的一生啊！所有的悲歡，所有
的離合，所有的得失，所有的榮辱，全都涵蓋在這代表著從生
日到死日的一條橫槓裡。

　　「如果要你寫下自己的墓誌銘，你會怎麼寫呢？」我曾經納
悶不解，為什麼Eric和Laura讀初中時會有這麼一個作文題目？
我向來覺得應該給孩子思想自由發展的空間，也忘了當時還有
什麼其它的原因沒有追究，現在想起來，這個題目在孩子十
二、三歲的年紀也許給的太早，卻是一個好題目。

　　要怎樣寫下自己的人生呢？聽說人在臨終那一刻，所經歷
的一生都會在腦中像錄影磁碟快速forward那樣重播一遍，要等
到臨終那一刻才來嗟嘆遺憾、唏噓悔恨麼？！從此刻開始，還
來得及好好想一想，怎麼寫自己的那一篇墓誌銘。

選擇自己要走的路
　　在前後不見人跡的沙漠裡，孩子問：「爸爸，我們迷路了
嗎？」

「不是啊！我們只是選了一條別人不常走的路。而且，我們有地圖和指南針。」

天黑了，暗中看不清遠處，我們休息吧！」父親打開車子的敞蓬，叫孩子和他一起靠在後座椅上看星星。

「WOW！我從來沒有看過這麼多、這麼亮的星星！」孩子開心地站起來舉起雙臂，仰頭歡呼。

每個人都是單一獨立的個體，你本來是一匹馬，若是一昧仿效，當心畫虎不成反類犬，連馬都做不了。

分析自己的實力，截長補短，去蕪存菁。然後，做自己能做的事，做自己愛做的事，如果你愛做的正好是你能做的，專注精粹地做，除了要敢於不同之外，做到極致才能出類拔萃，於是，你不但是一匹馬，而且是一匹駿馬。

即使是選擇了一條別人不常走的路，有了正確的方向與開闊的視野，你就不會迷失。

放下過去的包袱

客觀地檢視過去，抽離自我，就事論事，對自己的行為負責，不要把未能如願的失望或過錯，歸咎於他人或外在因素；即使咎由自取也不要無止盡地悔恨；謙卑承擔反而能讓你因為認清事實而脫掉枷鎖。

既往不究、原諒與感恩是三帖安心寧神的良藥；說一聲：「沒關係」，道一句：「對不起」，不要忘記講：「謝謝你」，這

簡單卻神奇的九個字，可以讓你當即放下你曾經不勝負荷的包袱，立刻輕鬆。

不要再為無法挽回的過去哭泣，要為希望無窮的明天計劃，但是，千萬別忘記淋漓盡致地活在眼前當下。

新的選擇

一個人的一生，就是一連串的選擇，有時要堅持到底，有時要懂得割捨。面對不確定性，不要急著下定論，但也不要猶豫逗留，拖宕太久作不了決定；盡可能衡量所有的風險，劃下自己所能承受的極限，然後專注投入新的選擇。

面對挑戰

每一個新的挑戰都是給你進一步學習的機會，一次又一次的克服挑戰，可以培養自己的戰鬥力或適應能力，讓你不斷地訓練自己。

面對挑戰覺得憂心焦慮的時候，保持紀律與忙碌，不要「庸人自擾」地把事情想得太複雜，先玩個數字遊戲，很科學地用或然率，一項一項排除不切實際的擔憂；然後，訂下憂慮停損點，接受不可避免的事實。

井然有序的生活

有一個朋友，不但從來不遲到，相約吃飯，不論誰做主人，她總是比約定時間早到五或十分鐘；多年前，有一陣子，和住處只隔著一條巷子的她，相約每日清晨六時在巷口會面，

一起坐車去健身館運動，我總是被鬧鐘吵醒，在睡眼迷濛中穿衣著鞋，匆忙趕去巷口，卻一定看到她好整以暇等在那兒，老實說，那時候雖然明知自己理虧，私底下還是覺得她這種作風潛意識裡有點咄咄逼人，現在回想，她能在自己的專業領域闖出名號，原因之一正是她把生活安排得井然有序，所以能夠凡事從容。

生活層面和心理層面的井然有序，讓你有足夠的時間與空間可以沉穩從容，因之不會慌亂而能盡量減少誤失，不會侷促而能隨機應變。

規律的生活，可以從整齊的居家和辦公安室環境開始做起。準備三個檔案夾：「今日已完成的事」、「明天該做的事」、「可以暫緩之事」，每天分門別類，每週清理一次，謹守「今日事今日畢」，包括不要把今天的疲累帶到明天。

養成「凡走過不留痕跡」的習慣，「隨手」兩個字可以省下許多工夫；什麼東西用過就收好，事情按步就班做完後順便歸檔；連情緒反應也可以如此簡化管理，你不可能沒有情緒起伏，在晚上入寢前整理思緒，今天該做的能做的都做了，就不必把困擾帶到明天。做二十分鐘運動、泡個熱水澡、靜坐十五分鐘，可以沉澱你日間紛擾的情緒，讓你有個安穩的睡眠，養精蓄銳準備迎接明天。

培養興趣

做只為自己的喜好興趣而做的事。培養必需的常態活動之外的興趣，讓你能在沒有壓力的學習中享受閒暇。何不嘗試那

些你喜愛卻自以為太忙、太笨、太老而無法做的事？事實上，再怎麼忙碌，做好時間管理，你一定可以抽出一些時間；你也會詫異自己其實一點也不笨；而雖然年歲漸長，歷練卻讓你比年青時更容易做好許多事；你甚至可能會驚訝地發現自己很有潛能。

因為興趣而學習諸如：書法、雕刻、油畫、花藝、球類運動、衝浪、潛水、溜冰、滑雪、彈吉他、作曲、唱歌、國標舞、瑜珈等等，可以增加生活的趣味，讓你身心輕鬆愉悅，也相對地紓解了壓力。

培養自信

自信不是阿Q式的無厘頭，也不是妄想式的自我膨脹；缺乏自信、擔心害怕得不到認同卻正是心情鬱卒的主要緣由。誠實地省視自己，有什麼優點長處？有什麼缺點與不足？專注做好自己最擅長的事，努力彌補自己的短處，因此建立自信，可以讓你自我更新、走出失敗循環。

珍惜自己所有的，不要和別人比較；停止批評和責難自己，學習積極正面的自我對話；自信卻絕不是自說自話、也不是睜眼說瞎話；過度自信，有如幻想神話，也有時其實是自欺欺人；要腳踏實地培養自己的能力，把自信建立在實體的基礎上。

e-mail上看到一句話，說得很白但是很實際：「如果沒有長相，就要培養才藝，沒有才藝，就要有好個性，就要記得時常微笑。」

完全獨處的「歸零」時空

在房門的門鈕上掛一個「請勿打擾」的牌子，或是在屋內尋找一個屬於自己、清靜而不受干擾的空間，若是可能，每天撥出一段時間，否則在周末的清晨午後或晚間，挪出幾個小時，放下你因每日事務而忙亂紛擾的心情，放空你現實理性的思考，獨自一人，做全然不是必需、卻可以讓你真正放鬆或者愉悅的事。

聽音樂、看小說、織毛衣、彈鋼琴、玩吉他、做瑜珈、靜坐冥想、泡個解憂的精油澡；或者，靠在躺椅上曬太陽、倚窗眺望夜色、悠閒地到公園裡散步，這樣地不做什麼，也不要覺得自己太懶散；給自己一些讓身心憩息的室間及時間，養成可以拋開壓力放輕鬆的習慣，你會覺得心情變安寧了，心思也可以沈靜下來。

試試看，在任何一個可以安靜的地方靜坐，找一張較硬的椅子，兩腳與肩同寬放在地上，拔背懸顱（背要挺直但不僵硬，頭放正，頸直而下頷微收，頭正彷彿有線在頭頂提領），鬆肩、兩臂放鬆，兩手輕放膝上，兩目微閉下視，以鼻緩慢呼吸，意念放在呼吸時起伏的肚臍周遭。從十分鐘開始，慢慢加長時間，十五分鐘、二十分鐘、三十分鐘；每天一次、兩次、三次；開始也許會心煩氣躁，覺得不可能放空腦子靜下心來，這是一種自我訓練，慢慢地一定會習慣，到後來，甚至在人聲嘈雜的公眾場所，只要心思一放空，身體一放鬆，緩慢地深呼吸，即使在走動中，也可以整個人沉靜下來，不需多久身心都會覺得輕鬆舒泰許多。

不要忘記微笑

人體真是奇妙。中國人道家常說「天人合一」，講究人體是個小宇宙，道家的太極圖騰正代表了大宇宙及小宇宙都萬物歸源於「陰」與「陽」融於一體，道家練習氣功時，有氣循經絡作「小周天」「大周天」、讓全身陰陽氣脈都生氣活絡的功法；西洋的腦神經醫學家證實：大腦內部生化物質，可以操控人的感覺和行動的陽光和陰影，大腦中模組的開或關，製造各種不同的神經作用模式，產生了所謂的心情，腦神經邊緣系統就送出針對恐懼和憤怒等的緊急訊息，促使皮質反應產生產意識。

意識的腦可以提供七百多種表情來表達錯綜複雜的情緒，而全世界人的表情都一樣，顯示控制這些表情的神經迴路並非後天文化的塑造，乃是先天基因的建構。

神經學家經過實驗發現，人除了可以用表情去展示情緒之外，還可以用表情去引發感覺。基於這個發現衍生的「行為治療法」，就是教導人們如何利用這種回饋機制來轉換心情，是一種比較有效的心理治療法。。

可以做個小試驗，試試看在情緒穩定的時候，緊皺眉毛、或是嘴唇往下撇，大約不需要太長久的時間，你的情緒就會低落；反之，用手撫摸、輕拍放鬆臉部肌肉內後，仰起嘴角微笑，以微笑替代皺眉，你就可以改善緊繃的負面情緒而逐漸愉悅。

微笑可以放鬆臉部肌肉從腦內釋出血清張力素，讓你覺得舒適愉快。

表情是有傳染力的，以生理現象牽動心理層面，可以將情

緒轉嫁給別人。有一個實驗，將幾個感應器貼在受試者的微笑肌肉上，當他看到一個微笑的面容時，會不由自主地牽動自己的微笑肌肉，雖然外表不一定看得見，但是，細微的肌肉牽動可能就足以引發回饋機制，讓大腦覺得有件好事發生了，發出了信號，讓受試者心情好起來。

不要忘記微笑，「笑臉迎人」可以不是諂媚，樂己又樂人。微笑還有防護作用，沒聽過「手軟不打笑臉人」這句俗語嗎？微笑讓你放下「攻擊姿態」，可以減少你對別人的威脅感，因此降低別人對你的敵意。

樂於付出

「凡含淚播種必歡呼收割」是說辛勞有成；試著付出而不計較、不期待回饋，會讓你輕鬆快樂，也會讓你發覺你因之獲得更多。

嘗試善待他人或慷慨解囊，對公義之事貢獻一己之力，捐血、捐錢給孤兒院、做義務勞動、幫同解決功課上的困難、協助同事處理雖然是事不關己的疑難雜症、帶一籃水果探望一位孤單的長輩，各種各樣不為自私自利的付出，會讓你覺得自己的存在有意義，會讓提昇你精神層面內涵的「自我感覺」好起來。

即時行動

　　兩三年來，我在瞻前顧後、猶豫不決、惶恐徬徨的時間裡耗費歲月，公寓後面卻平地起高樓，蓋起了一棟十四層高樓。

　　宇宙最平實但也是最永恆的定律就是「慣性定律」：不斷重複地做一件事，就能養成好的習慣。凡事習慣成自然就不會感到費勁吃力。但是，一定要即時起而採取行動。

　　要走出藍色風暴的邊緣地帶，除了看醫生求診斷，真正能讓你改變思想與行為模式的，還是你自己，你可以從以下這些行動開始，踏出第一步。

閱讀是最一本萬利的投資

　　隨著年齡的增長，因為腦細胞的代謝變慢，人的記性或學習的速度也隨之變差，但是，只要持續刺激腦細胞，讓它不斷建立新的連接網路，腦細胞可以再生。只要是需要動腦、用智力的活動如閱讀、創造、思考、下棋、學習語言等，都有益腦神經的生長，可以活化大腦，其中閱讀更是被確證可以有效延緩大腦老化。

　　只要花費區區數百元買一本書，或是上網兩、三個小時，就可以享用作者嘔心泣血、也許是數十年努力累積的經驗和智識，閱讀可真是是一本萬利啊！

運動從健走做起

神經科學家證明：常運動的人，通常心智靈敏，身體健康而且外貌較好。運動促進血液循環、促使腦部微血管增生、活化腦細胞，運動與閱讀，被證實能夠增強心智功用、延遲人的老化。

從健走開始，換上一雙舒適的慢跑鞋，清晨早起或是黃昏飯後，在人行道上、公園裡或是跑步機上，從十五分鐘慢走開始，逐漸增加距離加快速度，待你能夠每日持續快走至少四十五分鐘，只要後兩星期，你的精神面貌和體力都會顯著地改善。

健走時應注意維持正確的姿勢：

1. 頭擺正，下巴微抬，耳與肩成一直線，使頭不致前傾或後斜
2. 眼睛直視前方
3. 兩肩輕鬆下垂，挺胸
4. 背挺直但不要僵硬
5. 縮小腹，收緊骨盆
6. 手掌半握成杯狀，手腕自然下垂
7. 手臂放鬆，從肩膀開始自然擺動，不要過度往前或往後，向前擺動時手肘彎曲85～90度
8. 臀部自然擺動
9. 膝蓋保持柔軟，直向前方
10. 腳跟先著地

健走之前別忘了先暖身五分鐘；走時輪替快步五分鐘（默數三百下），再緩步慢行一分鐘（默數六十下），可以調節呼

吸、增強持續力；在最後五至十分鐘記得減慢速度、緩步舒
氣。

呼吸與調息

人的情緒與呼吸有很密切的關連，情緒的激盪會造成呼吸
的不穩定。人在遭遇驚嚇或恐慌時，呼吸會變得急促，驚動交
感神經系統發動體內保衛機制如心跳加快、血壓升高等狀況，
待到呼吸平穩的時候，肺臟才能正常作用，副交感神經系統才
能回復執行修補的機制。

逆向反制，放緩緊張短促的呼吸，可以安穩不平靜的情
緒。焦慮煩憂的時候，試著安靜地坐下或躺下，緩慢深沉地以
鼻呼吸，能夠減輕你煩躁的心情。

每天晨起或睡前定時作呼吸運動，有益身心。

時間作息表

時間作息表使你一日的生活井然有條；不要把時間排得太
滿，才能讓你在從容應付日常事務之外，還可以游刃有餘因應
突發的狀況。

決定要達成的目標

沒有目標就好比火車不靠站。從小而易於自己一人達成的
目標做起，列出可行的階段性步驟，一項一項有規律地執行，
每一項步驟的完成都可以更增加你的信心。

減肥瘦身

即使不是胖子，一定有許多人和我一樣，很想「瘦身」，常常覺得自己身上多了五磅到十磅的贅肉。不記得何時看到過一個電視節目裡講減肥，真的拿出一塊十磅重的肥豬肉，想像那油膩的十磅肥肉懸掛在身上，還真是觸目驚心。減肥的目的不僅是改善外表，更重要的是健康訴求。

體重控制有兩個層次：「減重」及維持「適當的體重」。絕大多數的人常常費盡工夫做到第一步，卻無法持之以恆，以致前功盡棄。

我凡事講究簡單，因為愈簡單化愈容易做。從節食和健走做起。最簡單的節食法除了必需少吃或不吃油膩、油炸、高熱量的食物、多食蔬果之外，試著每餐只吃你習慣份量的七分，每一週比上一週逐漸減量少吃，直到達到目標體重。

每日快走一小時，或是做消耗較大能量的運動如騎腳踏車、慢跑、瑜珈30至45分鐘，一個星期可以減少2700卡路里。但是，唯有養成少吃但吃得對的習慣及持續運動，才能讓你維持適當的體重，不再「肥」回去。

繼續深造

電視廣告裡那個老太太，坐在候機室帶著有點壓抑的興奮微笑著說：「我等出國留學等了四十年了。」你卻不必等待。即使你因各種現實狀況分身乏術，無法出國留學，或是再重回學校繼續深造，現在的電腦網絡有許多提供學位及其他進修的課程，讓你在工作之餘可以更進一層學習，讓你真的可以做一

個不出門的秀才。

培養嗜好

　　為了興趣喜好而學習，學習變成一種樂趣，也可以陶冶性情，紓解壓力。除了私人教師的授課課程之外，社區大學、政府機構和企業的文化教育基金會，都有提供多元化的免費課程。

休息是為了要走更長遠的路

　　美國有些大企業有所謂的安息日計劃（sabbatical program），讓優秀合格的工作人員休一個最長可達一年的長假，休養生息後再回職場。如果你覺得目前的生活方式讓你疲於應付、有倦怠感、或是感到壓力太大，放下你手邊的事，去旅遊、陪伴多年來因為你的繁忙奔波而被疏忽的家人，或者只是為了讓自己好好地喘一口氣。

換個職業

　　工作不應該是生命的重擔，工作應該讓你的人生豐富。當你覺得自己不快樂的時候，不喜歡你所從事的工作，常是主要的原因之一。也許，是該考慮換個工作、甚至轉行換個職業的時候了！換個職業等於重新規劃人生，審慎評估，並且為自己可能承擔最壞的打算，做好心理準備。

　　哈佛大學曾經對一千五百名畢業生作過一個調查，測問他們選擇工作時是以金錢抑或是以興趣喜好作為優先考量，二十

年後，同一批人再度接受調查，有一百零一人人成了年收入百萬的富翁，其中一百人當年選擇了自己喜愛的工作，只有一人選擇了以賺錢為目標的工作。

在你的一生中，至少要給的一個機會做你喜愛做工作，你也許會發現因為你做得開心，自動自發想要做得更好，於是，工作變成一種祝福。

許多人面對重要抉擇或是新的機會時，往往裹足不前，沒有足夠的膽識接受挑戰或是採取行動；缺乏膽識的主要原因是缺乏因為實力俱足而得的自信，另外一個主因則是害怕失敗，害怕失去已經擁有有的一切。

膽識需要培養。不斷地學習及培育專業能力可以增進自信；多讀名人傳記，可以讓你從別人失敗與成功的經驗中，汲取判斷事物與時機的智慧。

Have A Kid

由於種種原因擔誤了你的生育計劃麼？如果你依然期望有個孩子，也許為時仍然不晚。男人的生育能力是沒有限期的，女人則有兩輪生育的生理時鐘，一是產卵期，女人到了40歲以後，卵子產量驟減；一是子宮的孕育生理時鐘，可以直達60歲仍不停擺。在45歲之前，女人可以將自己的卵子儲存，再自擇時間將卵子重植子宮；在45歲之後，女人的子宮仍然可以接納別人的卵子，美國有些醫院成功地執行在高齡至55歲以內的女人子宮裡植入另個女人的卵細胞，某些特定的診所記錄了高達50%的成功率，最年老的成功例子是一個63歲的高齡產婦。

年紀較大才生育孩子，除了豐富你的生命與生活，也會有附帶的困擾與實質生活的改變。我的表妹四十二歲才喜獲麟兒，看她那麼鍾愛孩子，問她要不要再生一個？她忙不迭地搖頭說：「不行，不行，一個就夠我整天累得不得了，年紀大了真帶不動小孩。」有一個朋友，第一次婚姻因為妻子不能生育，沒有孩子，第二次婚姻，五十二歲得了一個兒子，喜出望外，自此改變生活步調，安分守己作個居家男人，不再夜夜笙歌，連幾十年的老煙槍也戒掉了。

Mend A Fence, Burn A Bridge

「修補有缺口的籬笆，燒毀不再通行的橋樑。」農家修補破籬保護家園；燒毀棄橋，以防野獸循著荒廢的路過橋破壞莊稼侵襲家畜。

親情和友誼很可貴，因為放不下「我執」而破損或疏遠的親友關係，需要彌補。年前一時氣盛和自小就很罩你的老哥翻臉之後，至今就沒有再聯絡了嗎？今天是他的生日，叫宅急便送兩瓶他最愛喝的紅酒到他家去，再打個電話祝他生日快樂；妳的個性就像你媽媽一樣倔強，也許她到現在仍然固執己見老愛囉嗦，妳只有一個媽媽，爭執過後，何妨先開口叫聲媽，打破無言的冷戰僵局？再嚴重點的情況，你發覺另一半情不自禁有外遇，冷靜自問，這樣的丈夫或妻子是不是值得伴守？設身處地想一想，換做是你，有沒有可能犯下同樣的過錯？

To err is human，凡是人，孰能無過？愛與原諒也許可以得到一個浪子回頭金不換。「十年修得同船渡」，你曾經因為老友規勸的忠言很逆耳，慣而不相往來，現在也許是你該重拾故

誼的時候了？

對於那些一再對你不誠懇、不誠信、存心利用、蓄意欺騙、惡意中傷的人，你雖然不必降低你的人格品質以牙還牙，卻也不必猶豫，即速遠離，不要再繼續做個直接或間接的受害者。

改頭換面

有一個大學同學，前額一直留著瀏海，當她被稱讚長得很像當年很紅的、前額留著瀏海的美國影星蘇珊妮·普利薛特時，她總只是淡淡地微笑著不言語。大四那年開學見到她，瀏海長長了往後梳，看起來特別光采，問她怎麼以前沒想到這個髮型？她讓我湊近看她前額仍隱約可見一條很長的淡色疤痕，原來她小時郊遊摔到河溝裡，磕破了前額，留下一長條深色的疤痕，所以她總是用瀏海遮著前額，大三放暑假時，她媽媽終於答應她帶她去整容，把疤痕磨掉了。她有點咬牙切齒地對我說：「妳知道嗎？我最討厭那個蘇珊妮·普利薛特了。」

我有一個老嫌自己長得不好而內向自卑的初中同學，至今感謝她母親當年硬逼著她去墊鼻子割雙眼皮挽救了她的人生。

並不是鼓勵你去整型美容，但是不妨試試換個髮型、學學化粧讓你容顏一新；戴牙套不但矯正牙齒還能改善面部線條和表情；運動塑身可以挽回有點走樣的身材，讓你的老公不會只在心裡對別的凹凸有致的女人偷吹口哨；不要總是穿著扣緊領口袖口的襯衫，有時候追求一點時尚很有趣，又可以讓你不老土跟得上流行；學瑜珈、游泳、舞蹈甚至擊劍不但可以健身，

還可以讓你舉止優雅。

　　何必故步自封，除了要注重培養有素質的內涵之外，改頭換面美化你的外在，也可以幫助你迎接一個更值得期盼的人生。

PART II
我的心情手札

在重整人生的計劃裡，
她不斷重複磨練著除舊佈新的步驟。
「心情手札」記錄著所有克服困難的過程——
走過情緒晃動的緩衝期，
努力邁入生活的調適期，
以及全新人生的實踐期。
計劃不是死的，目標可以調整，
但永遠不要忘記給自己一點空間與時間，
也多給自已一些鼓勵、犒賞與讚美！

August

有一首歌叫做：
《世界上唯一僅有的一朵花》

　　今天開始寫手札。自從確定了要寫手札，原本是計劃一日開始的，正好是第三個六十天的首日。倒不是拖延，而是覺得準備不夠，胸中尚無成竹。

　　也好，今天是農曆七月一日，中國年下半年的第一天。民間習俗鬼月開鬼門的日子。素來覺得「**做人凡事只要心安理得，心中一把尺，何須懼鬼神**」。適逢開鬼門也不錯，讓我在眾生平等這個課題上作了一番思考。

　　還想起了一件挺好笑的舊事。

　　初搬此屋沒多久，正值鬼月，因為訂做的床還沒送來，就在地上打地鋪，朋友知道了警告我說：「好兄弟們可都是在地面上飄浮遊走的喔！妳別擋了人家的路。」恭敬不如從命，當晚我就蜷睡到自舊居搬來暫用的舊沙發上了。人冥有別，我不迷信，自己卻經歷了、也從可以信任的好友那兒聽聞了一些很難以常理去推斷、很玄的事，讓我覺得除了超越這紅塵俗世的人外有人，也許真的天外有天，所以，心中存了那麼一種不論有形無形都應該尊重他人的意思。

　　很喜歡這個雙子座的朋友，就是因為她有趣而不同凡響的思考模式。有一陣子，她非常鼓勵我去大陸發展，我說：「我可是不學無術啊！憑什麼去和人家搶地盤？」她說：「不學無

術不正是妳的專業嗎？」話聽起來十分刺耳，她卻說是真的稱讚我。

我是學大眾傳播的，雖然實際的社會工作經驗累積不多，但是自小喜歡閱讀的習慣養成了我纖細的思維；古人愛說：「書中自有黃金屋」，廣泛的閱讀，也使我不僅多少從他人無論失敗抑或成功的閱歷與經驗中，汲取常識及智識；更讓我在人生的道路上即便是顛簸難行，也能因為借鏡而得的一些小小的智慧不至於一蹶不振。

有首歌《世界上唯一僅有的花》的歌詞好像是這樣的：「每個人都是世界上唯一僅有的花，每個人都擁有不同的種子，只要努力讓那朵花盛開就好，無法成為Number One也沒有關係，原本就是特別的Only One……」

一支草，一點露，都有它存在的價值。每一個人都是這世上唯一僅有的一朵花。積極地把自己最真、最善、最好的一面呈現出來，活出自信，活出自我。那麼，儘管確是那前世業來定奪這今世報，也無畏是否就這今生因種下了那來生果；即使真有神鬼世界也一樣坦蕩蕩來去自如。這樣，活著，夠值得了。我是以這樣的心情勉勵著自己啊！

二月廿三日上了第一堂瑜珈課，但是正式上課應該從廿八日那天算起。一直想學中國花藝插花，說了多少年都沒去學，總算三月八日去上了第一堂課。

有一個銀行的電視廣告，拍的是一個老男人終於拿起了電吉他，組成了一個年青時候夢寐以求的搖滾樂團；一位坐在候

機室的老太太笑咪咪地說：「我想出國留學，等了四十年啦！」；另一個勁裝老阿伯精神十足地騎著一部曾經嚮往多年的重型摩托車；這是銀行的promotion廣告，召喚觀眾向銀行貸款，趁著年青就可以完成夢想，不必等到七老八十退休之後，難免有時不我予之嘆！

看在我眼裡，只覺得那些老人真有活力，真可愛。過了前大半段的人生，責任已了滄桑不再；從此人生自己享用，多麼自在快樂。

上插花課是一種享受，在插花老師的調教下，即便只是一朵野花、一支小草、一根枯枝也各有姿韻，都有大地的情意在。

頭兩週剛開始上瑜珈課，每週只上兩次課，就夠累人。每次上課前都因為身體的酸痛，不太想去，也不太敢去，只因知道是自己的身體多年來受到忽視、沒有得到善待，才會這樣硬化老化，於是仍然咬著牙狠著勁去上課。到了三月三十日，已經規律性地每週上三堂課了，有信心買了一年期無限制次數的課程，然後從每週上四堂課到五堂課，到了七月初進步到每週上六堂課了。

之所以買一年期無限制次數的課程，不是貪它便宜划算，只是心想自己若有大幸，那就是生活自由慣了。很清楚自己有多大的能耐，若要我在關節肌肉日夜酸痛的狀態下，在家勤練瑜珈，絕對可能三天打漁兩天曬網，效果一定不彰。

事實證明，我作了正確的抉擇，我的堅持也有了一定程度的成果。痛了兩個月，有一天，我突然發覺已經不再是鎮日地

週身疼痛，只是因為又練到不同部位、怠惰多年的、或是被疏忽少用的肌肉筋骨而疼痛了。

由於每天有相當的運動量、流汗排毒，加上飲食也注意少油脂多蔬果減少澱粉食用份量，四個月下來，我瘦了兩公斤，氣色與精神都大好了許多。

初時，人生重新出發，想寫書，一腦子想的是現身說法的愛情小說，到後來竟然演變成現在寫的這本也是現身說法，險險地暫訂書名為「走出『藍色風暴』邊緣地帶」的書。真是始料未及啊！可見人生的課程，日日都有新鮮事，多麼有趣。

「給自己三個六十天，讓你的人生煥然一新」，三十天甩掉舊習慣，再三十天養成新習慣，這在行為學上有實驗數據的推論，還真的有道理。在我重整人生的計劃裡，重複磨練這除舊佈新，第一個六十天是緩衝期，第二個六十天是調適期，第三個六十天是有一定目標的實踐期。但是，計劃不是死的，目標可以調整；永遠不要忘記：給自己一些空間，給自己一些鼓勵，給自己一些犒賞；只要堅持，就可以奪標。

我已經開始進入第三個六十天的實踐期，走到今日，如果我可以，你，一定也可以。

任何計劃的執行都好比砌築一道牆，要用磚頭一塊塊地去砌疊。

重整人生事體菲薄，絕不是一件小事。你要改變什麼？你想做些什麼？你期待怎樣的新人生？列一張單子，看著項目一大串，難免會有不知從何著手的恐慌。

要想重整人生，日日身陷在經歷挫折、面對困難、無奈又無力，因而頹唐不振、灰心喪志的憂鬱情緒攻擊之下，一下子想要全盤轉變，是不可能的。凡事起步難，開始從小事做起、從一人獨自可以完成的事一件一件做起，不要忽視因之而得到的小勝利，它們可以迅速加強你的信心。

不記得什麼時候、在那兒讀到一則三隻鐘的小寓言：有兩隻舊鐘和一隻新組裝的小鐘，一隻舊鐘對那小鐘說：「我看你不行吧！要滴答、滴答三千二百萬次才能走過一年哪！你一定撐不下去的！」小鐘聽了，垂頭喪氣，心裡很煩憂。這時另一隻舊鐘很慈祥地對它說：「不要擔心，你只要每秒鐘滴答擺動一下就可以了。」小鐘就很盡職地一秒又一秒，滴答又滴答地擺動著。沒想到，過不了多久，一年己盡，它竟然就這樣在不知不覺間擺動了三千兩百萬次。

Making a list and CHIPPING it away one by one patiently.

從一件事開始，一點一點持續不懈地做，一步一步腳踏實地的走。

我選擇了從學瑜珈開始。

雖然長年沒有運動，我肢體的柔軟度仍然很好，學瑜珈應該可以達到一定的程度，不致於因為沒有信心而退縮。三年前我曾熱衷地學了兩個月、每星期上四堂課的太極導引，卻因膝蓋韌帶受傷而停止，又因沒有及時作恰當的治療，膝蓋一直有問題，站久了或走路走多了，兩個膝蓋內側會腫脹，物理治療費時又不見效，就放棄了。雖然復健醫師不太贊成，自忖因為多年來有伸展肢體與拉筋的習慣，受過傷，使我不敢大意，對自己的身體也更有相當程度的瞭解，做瑜珈，也許會治好困擾我的膝蓋問題。

至今上了四個月的瑜珈課（其實只能算三個月加一星期，因為從七月七日到廿一日去了倫敦、巴黎，到Saint Jean Cap Ferrat參加女兒的婚禮，返台後又因時差待了一星期才再開始上課），雖然上課時仍然不敢不用護膝，我的膝蓋已經不再有很嚴重的腫脹情況，這是我減重二公斤之外另一樣收穫。

當我一星期能夠規律地上四堂瑜珈課時，我有信心一定可以走過第一個六十天的緩衝過渡期。直到每星期上六堂瑜珈課，調適期的第二個六十天，上瑜珈課是我每日生活的主要支架，雖然肢體筋骨的酸痛僵硬日日陪伴，上課變成令我期待的操鍊，可以消除我當日軀體的酸痛，並且讓我養精蓄銳應付明天新的酸痛。

這段時間，為了要訓練手指與手腕的力道，我開始手洗日用衣物。多年怠惰的身體適應調整需要時間，增加了每天兩小時的運動量，我的身體很明白地讓我知道我需要大量地休息，我就利用休息的時間大量地閱讀。但是，我每天仍然列表寫下該做的大小事件，至少做完一至三件事。洗衣服常是當然的一件事，清理廚房、整理各種檔案等，每做完一件，即使是拿一張地毯去陽台上曝曬兩小時這樣的小事，也會讓我一天都有好心情。

神經科學家證實運動與閱讀並列能夠延遲老化，學習可以刺激神經生長素分泌，促進神經細胞生長並延長細胞的壽命。而學習中最有效的是閱讀，閱讀是目前在靜態活動中，唯一經過科學實證可以延遲大腦老化的方法。

適度運動促進血液循環，促使腦部微血管增生，活化腦細胞；運動並且能讓人心情愉快，每天只要花四十五分鐘的時間，快走或是打球，就可以壓抑掌管情緒的杏仁核體，不讓壞情緒擾亂人的心情。

第三個六十天是身體力行一定目標的實踐期。

八月與九月我有五個大目標要達成：

一、嚴格執行每日時間表
二、完成一本書的初稿
三、減重兩公斤
四、每日至少閱讀兩小時（平面書籍或網路資訊）每週至

少閱讀一本書

　　所以把第一個目標排在第一位，是因為只有生活作息依照時間表規律化，思想行為不致漫無頭緒，能夠井然有條之後，才能解除壓力從容地達成其他目標。

　　今天要作的一件想做了很久卻一直沒做的小事是：去買一個磅秤。

　　電器行裡全都是有量脂肪指數等諸多功能的digital磅秤，覺得要減肥只要看到腰圍肚圈日漸縮小不就知道脂肪是否減少了嗎？另外還有一個很陽春的檢驗方式是，用手指撳提胸側乳房旁的肉，寬度超過一公分，就是過胖超過標準體重了，即使不為美觀也應為了健康著想，需要減肥。不必知道脂肪指數，所以買一個最簡單的量重磅秤就行了，很便宜，只要288元，可是除了樣品沒有現貨。即使有現貨，那磅秤上花花綠綠挺醜的，不買也罷。雖然結果沒買磅秤，這件事仍算完成了。

　　看了十數本有關什麼全食物、超級食物、活力優食物以及養生減肥瘦身食譜的書，洋洋灑灑數十萬字加上各式彩色圖片，看得我頭昏眼花。諸種說法多樣獨門，各說各的道理，大道理其實大致雷同。

　　於是，決定自訂一則無磅秤、無食譜、無油煙、減肥消脂、健康養生飲食守冊，甩掉心中難免時時記掛著的磅秤，不為今天明天要吃什麼煩惱，很輕鬆。

# 每日作息時間表

AM6:00-7:00：起床。做運動。喝一大杯水，可使腸胃甦醒增加蠕動。此時行動荷爾蒙增高，新陳代謝率提高。AM5:00-7:00是大腸排毒的時間，應養成排便習慣。

AM7:00-8:00：AM7:00是咖啡Time，早餐以水果為主；AM8:00喝God's Nectar；七至九時是小腸大量吸收營養的時候，好好吃早餐，整天受益。一杯十五種營養成份（杏仁粉、山藥粉、花粉、綠茶粉、大麥苗粉、小麥胚芽、軟磷脂、啤酒酵母、膠原蛋白＋軟骨素＋固節靈、鈣粉、亞麻仁籽、蜂王乳、蜂蜜、南瓜子油、燕麥奶）
調拌的God's Nectar，確定攝取了一天必需的基本營養素。整理家居環境。隨手收拾最省力。

AM8:00-10:00：寫作及編輯昨日所寫文稿。

AM10:00-12:00：閱讀、思索及作初稿筆記。此時大腦警覺性高，適宜需要短期記憶力的學習及工作。（AM9:00-11:00：星期三、星期五上瑜珈課）。

AM12:00-PM1:00：午餐。生菜沙拉，或各色蒸、（蓋鍋）快炒
　　　　　　　　　蔬菜或蔬菜湯，加一種蛋白質食物：魚、
　　　　　　　　　蛋、豆腐、豆皮或乳酪。

PM1:00-2:00：電視新聞或其他節目。（有時與朋友相約午餐之
　　　　　　　後看電影。）

PM2:00-4:00：午睡30分鐘。閱讀、上網。PM3:00以後，體溫及
　　　　　　　腎上腺素再度上昇，而可體鬆依然處於停滯狀
　　　　　　　態，身心清醒但仍然保持放鬆狀態，適合需要長
　　　　　　　期記憶力的學習或工作。

　　人類天生傾向於兩段式睡眠。一次是在晚上，十一時左
右，人的清醒度及體能同時下降，生理時鐘減緩。一次是在午
後，減緩情況較輕微，但此時較易進入入睡期，受試者大都在
5分鐘之內即可入睡。所以，許多老年人睡得少、起得早，可是
午後即便是坐著也很容易打盹。

　　俗語說：「睡眠贏過吃補。」午睡有益健康，可以讓人迅
速恢復疲勞、減輕壓力、恢復腦力、因之減少錯誤及意外發生
率，也可以增進身體免疫力。拿破崙、愛迪生、愛因斯坦及邱
吉爾、甘迺迪等都有午間小睡片刻的習慣。

　　但是午睡時間不宜過長，睡得太多會造成睡眠生理時鐘週
期的紊亂，反而影響夜晚睡眠品質。

PM4:00-6:00：隨意自由活動。可以週期性單項徹底整理家居或工作場所環境，譬如廚房、衣櫥、寫字桌、公文或私人文件檔案、照片相簿、書櫃等等，或者寫e-mail打電話給孩子家人或友人。彷彿植物需要陽光、空氣、水，感情需要以言行表達愛心及關懷。

PM6:00-7:00：晚餐。清淡，量少，只吃七分飽。可吃點碳水化合物和水果。

PM7:00-10:00：寫作。看品質佳、有意義的電視節目。（星期一、三、四、日上瑜珈課）。

　　九時以後，行動荷爾蒙降低，使身體放鬆入眠的褪黑激素開始升高，新陳代謝率降低，此時應節制不宜大吃大喝，以免屯積脂肪。晚上九至十一時，是體內免疫系統（淋巴）排毒的時間，最好稍安毋燥，聽聽音樂、織毛衣、寫書法、畫畫…、或是靜思冥想，儘量少讓自己憂慮煩惱。做愛做的事。

PM10:00-11:00：省視今日生活；列項寫下明日要作的事；收拾書桌。清理客廳、廚房。洗澡、入寢。

PM11:00以後：全身系統運作減緩，身體逐漸就緒準備進入睡眠狀態。

　　十一時至清晨一時，肝的排毒功能需在熟睡中才能正常運

作：一時至三時則是膽的排毒時間；熬夜成習的人，肝膽的功能自然不良。三至五時是肺的排毒時間，所以，感冒患者或有咳症的人，常在這段時間咳得最嚴重。三至五時，體溫和行動荷爾蒙降到最低點，生理時鐘的運作讓身體進入沈睡，這也是那些夜貓子最容易出車禍的時段。

　　人需要至少七小時不中斷的睡眠。但是，睡得太多不見得有好處。有個實驗報告指出：每日睡眠超過十二小時（包括午睡和打盹）的人的死亡機率，比睡眠少於九小時的人，高過兩倍。所以說：睡得好比睡得多重要。晚間十一時至清晨六時是最有益身體的睡眠時間。

07
SUNDAY

August
YOU ARE WHAT YOU EAT

　　瑜珈老師時常在課堂上提醒同學：不要去看別人怎麼做，不要和別人作比較；和昨日的自己比較，只問自已：這個動作我做得正確嗎？這個體位，我今天是不是比昨天做得更進一步、更好些了呢？

　　學習瑜珈時，因為不僅是每個人的體能與柔軟度都不一樣，每個人各自每日的狀況也會有所差異，作體位動作時好比在與自己的身體對話，必需虛心聆聽並且尊重自己身體發出的訊息，勉強不得，否則很容易扭到筋骨肌肉而受傷。

　　每個人的內心世界和客觀環境都有不同，天賦、才能和機遇都有差異，各有各的局限，別人能做的，你做不到，並不表示你不如別人，也不要因此給自己壓力而對自己太吹毛求疵，將觀察重點關注於自己的優點、自己的成長上。

　　這兩天因為調整生活作息，飲食常會不定時，加上有一次在朋友家吃了些較油膩的外賣菜，腸胃老是不適，趕緊去買了兩大串葡萄。想起去年得急性腸胃炎時，水瀉了三天，生平第一次因病去醫院掛急症吊點滴，醫生囑咐可以喝運動飲料加一半溫水，還可以吃去皮除籽的黑葡萄。當時聽了很納悶，葡萄富維他命C又有高度糖份，如何能安妥我空空如也的胃？！那五天之中我全無胃口，只吃了十塊蘇打餅乾，倒是真吃了不少

葡萄。

現在才知道，葡萄是鹼性的，是所有食療性食物中最為強效的一種，最大的療效在治便祕與胃炎。葡萄的皮與籽中含有特殊排毒功效的強力生物活性素，連皮帶籽細嚼嚥下，是非常有效的排毒劑。俄國醫學界十分正視葡萄的療效，俄國有許多規模龐大的健康的中心，完全採用葡萄排毒的食療方法。

近來文明世界人類早死的六大肇因：心臟病、癌症、中風、糖尿病、動脈硬化症與肝硬化，均與飲食因素相關。反之，充足及正確的飲食可以帶給人正常的抵抗力、免疫力，讓人活得健康又長壽。中國人常說的：「禍從口出」有道理，「禍從口入」也一樣鼎立。把什麼食物放進尊口裡還真得小心侍候。

但是，切勿煩惱。歸根究底，該吃什麼？不外乎是紅黃藍綠紫白七種顏色、生鮮最好、那十四種超優食物。不該吃什麼？不外乎是高熱量、高油脂、高澱粉、高糖份，這四種最終一定對人體有殺傷力的惡性食物。

美國癌症研究院在報告中指出：蔬果中具有的植物性食物化學成分可以產生抗氧化作用，減少人體基因及細胞的被氧化、被破壞。每天只要食用足量的蔬菜水果，就可以有效地預防肺癌、乳癌、大腸癌以及攝護腺癌。

台灣癌症基金會也指出：人體為了正常的生理代謝不斷進行氧化還原，每天會產生數以四億計的自由基，造成組織及細胞的氧化作用，所以不時需要藉抗氧化的物質來滅除不斷產生的自由基。

蔬果的抗氧化成份相當平均的分散在各種不同顏色的蔬菜及水果裡。時常食用紅、橙、黃、綠、藍、紫、白七種顏色的蔬果，均衡攝取這些抗氧化成分，可以增強免疫力，預防癌症，並進一步預防高血壓、高血脂、心臟病、中風、肥胖、糖尿病、及痛風等文明病的襲擊。

　　「蔬果五七九」已經成了養生健身的口號。一日之中小孩應該食用五份、婦女七份、男子九份蔬果，蔬果在一日攝取食物量中至少要佔百分之七十以上，加上適量的運動及愉快的心情，是養生健身的最佳配方。一份蔬菜以100公克、生鮮的一碗、煮熟的半碗計；水果一份約為四兩重，切好後以半碗計。

　　看了這些報告，我慶幸自己自幼喜食水果及蔬菜，原來有偌大的好處！此後更當一日至少食用五至七份蔬果。

　　西方人常說：YOU ARE WHAT YOU EAT！中國人自古篤信以藥膳進補，其實道理是一貫的。吃甚麼？怎麼吃？至少有五成決定了你的身體是否健康。

　　聖經裡，耶和華教導摩西有關營養學的法則，是西方文明中所記錄的最早、最健全的飲食勸戒。耶和華要摩西告訴以色列的子民：「在晚餐你們該吃肉，在早上要飽食麵包。」。碳水化合物要與蛋白質分開進食，牛奶也不能和肉類混合一起吃。

　　中國有歷經南宋、元、明三代的賈銘，寫了一本《飲食需知》呈給明太祖朱元璋，書中講究的是養生務必認識飲食上的禁忌，並且善用食物的物性。如果隨意雜進混合著吃，賈銘有言：「輕則五內不和，重則立興禍患。」，他倒也不是危言聳聽。人人都

知道，螃蟹和柿子混著吃會中毒，晚餐後吃瓜會脹氣；小孩多吃魚長大會聰明，人參可以補氣卻不宜體質虛弱的人。

食物的搭配得當很重要，也很簡單。胃酸過多消化不良的時候，喝一杯重鹼的小蘇打水就可以中和胃酸；但是若在同時攝取蛋白質與澱粉，酸性與鹼性液體會在胃中互相中和，因此蛋白質與澱粉都無法適當地消化，而來自消化道的細菌，導致未消化完的蛋白質腐化，未消化光的澱粉也開始發酵。

這種腐化和發酵，不但引起脹氣、心口灼痛、便秘、大腸炎等等消化不適的症狀，當血液流經腸部時，帶進了這些腐化發酵廢料中的毒素，也因而引發如發疹、蕁麻症等過敏症候。

為了避免因為不當混食導致食物的腐化、發酵產生毒素的不良作用，謹守下列守則就不會有差錯：

1. 濃縮蛋白質食物如肉類、蛋與乳酪，與濃縮澱粉食物如麵包、洋芋、米飯分開吃。

2. 一餐只吃單一類的蛋白質。兩種相似的蛋白質如牛肉羊肉、或是魚與蝦等海鮮類一起吃，則不會導致胃部消化作用差異的衝突。

3. 避免混食澱粉和酸素，烤麵包喝橙汁是錯誤的；也不要同時食用蛋白質和酸素，你如果早餐吃烤麵包擦果醬，加兩個sunny-side-up的蛋，和一杯柳橙汁，這些食物在胃中可是很不融洽的。

4. 避免混食濃縮蛋白質與脂肪，脂肪會稀釋胃液素，如果無法避免，則多吃生鮮蔬菜。

5.澱粉和糖不是好搭擋，這可是喜食甜食者的致命傷，如果實在嘴饞，就把甜食當作一頓主餐，但是戒食蛋糕、派餅日久之後，不但不會想吃，吃了胃還會不適呢！麵包擦牛油很相配，抹上果醬或蜂蜜，混入了糖份，就會影響麵包中澱粉的完全消化了。

6.進食時不要大量喝水及其它飲料，會稀釋胃液阻礙消化。

原來，我那位劇作家朋友一再告訴我水果最好單獨吃，而且最好早上吃，還真有道理。如果在一天之中，早餐或午餐只吃水果，這菜單就很簡單，不必大費周章去思量怎麼搭配，才免得酸素在胃中不適時地瞎攪和。

我向來在早上起來享用一杯咖啡之後，最愛淡烤兩片自製的麵包塗上優質牛油，覺得人間美味不過如此，倒也誤打誤撞吃對了。

人體需要一些有益健康的脂肪。單元不飽和脂肪如橄欖及菜籽油可以保護心血管系統、降低發生胰島素抵抗性而導致糖尿病和癌症的風險；來自寒冷海域魚類如鮭魚鮪魚等富含的OMEGA-3多元不飽和脂肪酸，可以提高好的HDL膽固醇，降低血壓穩定心跳、及降低罹患冠狀動脈疾病的風險。而牛油和冷壓製作的植物油及堅果榨的油一樣，適量平衡攝取都是提供能量最好的來源。

不必完全排斥動物性脂肪。阿拉斯加的愛斯基摩人，仰賴鯨油禦寒及在酷冷的環境中勞動工作；俄國西伯利亞人出了名的羅宋湯是美味的能量湯。

原來不喜食生菜沙拉，學瑜珈後，時常以一大盤五顏六色的生鮮蔬菜當作午餐，有時加一個蕃薯或半碗五穀飯；晚餐則大多是魚肉加一碗蓋鍋快炒的有機蔬菜；菇類豆腐煲，更是簡易養生美食。

十四種超優食物

1.黃豆與豆類

　　黃豆含異黃酮，具有類似抗氧化劑及雌激素的效果，可降低罹患冠狀動脈心臟病的風險、減緩與荷爾蒙有關的癌症。豆類家族除了黑白紅黃綠各種顏色形狀的豆豆之外，還包括四季豆、皇帝豆、豌豆及甜豌豆莢等。黃豆與豆類所含的皂角甘能夠中和腸道中的致癌酵素。黃豆還可以降低膽固醇、穩定血糖，富含低脂蛋白、纖維、維生素B群、鐵質、葉酸、鉀、鎂及植物性營養素，黃豆被中國人稱為「無骨之肉」絕對有道理。豆類先浸泡再煮，可以減少食後脹氣，但先洗淨後再泡，泡過的水有豐富的維生素C，倒了可惜。豆類有豐富的維生素B群，能消除疲勞，讓人有好心情。

2.菠菜

　　菠菜所含的營養素不勝枚舉。富含鐵質、鈣質及鎂、錳、鋅等礦物質，葉黃素、玉米黃素等類胡蘿蔔素，維生素C、維生素E、尤其是只有青

花椰菜和菠菜含有的輔酶Q10等抗氧化劑，還有促使血液正當凝結的維生素Ｋ，以及植物性脂肪酸Omega 3等等。

　　每天多樣化攝取一杯蒸熟的、或是兩杯生的菠菜及其夥伴食物如：羽衣甘藍、綠葉甘藍、芥菜、白菜、萵苣、及橙椒，可以減低罹患心血管疾病、多種癌症、老年黃斑部病變及白內障等疾病的機率。

3. 鮭魚

　　眾所週知，Omega3脂肪酸有助於提高有益人體的HDL膽固醇、降低血壓、穩定心跳，因此可以預防突發的心律不整；又可以降低血小板的黏稠度，預防中風；還可以控制血壓、預防癌症、預防老年黃斑部病變及緩和並減輕免疫系統疾病。

　　Omega3還可以促進大腦（超過百分之六十的大腦組織由脂肪組成），每週食用二至四次鮭魚肉的好處之一，就是鮭魚所含豐富的Omega3可以促進大腦調節、控制與情緒相關訊號的能力，可以緩解憂鬱症及其它精神方面的疾病。

4. 藍莓

　　具有含量極高的抗氧化植物性營養素，特別是稱做「花青素」的類黃酮。一份藍莓，可以提供五份胡蘿葡、蘋果、青花椰菜或南瓜所能提供的抗氧化劑。藍莓不僅能抗老化，其所含有的鞣花酸，能緩和侵襲細胞的致癌物

質，也能預防腫瘤的擴大。藍莓還能降低罹患心血管疾病的風險，並且有助於維持健康的肌膚。夥伴食物有蔓越莓、覆盆子、紅葡萄、櫻桃等。

5.青花椰菜

含豐富的蘿蔔硫素，能預防癌細胞生長。又含大量保護視力的抗氧化劑葉黃素。青花椰菜和其他十字花科的蔬菜如：包心菜、白花椰菜、綠葉甘藍、芥菜等，都含有豐富的葉酸、纖維、維生素C、B、胡蘿蔔素等，能預防心臟血管疾病。青花椰菜生吃易脹氣，水煮則勿超過兩分鐘，可以保存80%的維生素C。

6.燕麥

可以降低LDC膽固醇的濃度，減低罹患冠狀動脈心臟病的風險。燕麥高纖、低熱量，又富蛋白質、礦物質、維生素B1、

B6及維生素E家族。無論是燕麥、大麥、蕎麥、糙米等應以麩皮胚、胚乳及胚芽全穀物攝取，當全穀物被精製成白麵粉時，等於除去了抗氧化劑和植物性營養素，只剩下澱粉。攝取全穀物可以降低中風及數十種癌症風險。

一碗熱燕麥粥，加上藍莓乾、蔓越莓和葡萄乾、灑上兩大匙現磨的亞麻籽粉，燕麥（及全穀類）所含豐富的B群，可以讓人有好心情，這真是可口又養生的快樂早餐。

7. 柳丁

　　柳橙是維生素 C 最豐富的來源。維生素 C 很快就會排出體內，需要時而補充。柳橙中及葡萄柚中的兩種類黃酮，是柑橘類水果僅有的，具有抗氧化及能夠預防細胞的突變的作用，在一開始就預防細胞發展成癌症。

　　柳橙所含的膳食纖維—果膠可以降低膽固醇，每天吃一顆柳橙有益心血管健康，柳橙果膠又可以穩定血糖，也可以減少吸收葡萄糖，因此降低第二型糖尿病的似胰島素分泌。

8. 南瓜

　　你可知道，南瓜屬葫蘆一類，不是蔬菜，和甜瓜一樣，是水果？南瓜高纖低熱量、富含鉀、鎂、維生素 C 和維生素 E 等對抗疾病的營養素，尤其富含類胡蘿蔔素、可以降低罹患多種癌症及心臟病的發生率。同類食物有胡蘿蔔、地瓜等。

9. 蕃茄

　　其實蕃茄也不是蔬菜，和南瓜一樣是開花植物所結的果實，是一種水果。蕃茄含有蕃茄紅素可以保護細胞不受到傷害，也能修補已經受損的細胞，有抗癌及防癌的效能。茄紅素可以清除大量的自由基，

也能使人活力充沛，又含有鉀、菸鹼酸、維生素**B6**和葉酸，有益心臟健康。西瓜、紅肉葡萄柚、紅肉木瓜和柿子，也都含有高量的茄紅素。

10.茶

茶含有類黃酮、氟化物，可以抗病毒、抗發炎、抗過敏、預防白內障、抑制腫瘤形成和生長。茶葉所含的兒茶素具有防癌抗癌的效果，又可以降低膽固醇濃度、避免血小板在血管裡累積。

每天喝一至三杯茶，就可以大大降低罹患心臟病、中風和冠狀動脈疾病的風險。不但零熱量還可以增加熱量消耗，有助減肥。

11.核桃和杏仁

所有的堅果類和種子都含有高度濃縮的蛋白質、熱量及營養素。核桃和杏仁，含有豐富的鈣與鎂，有益骨骼；又含有不飽和脂肪酸，能去除膽固醇，預防動脈硬化。核桃在堅果類中含有總活動力最強的抗氧化劑，杏仁的維生素 E 含量則是堅果中最高的，可以幫助人體對抗高血壓與心臟病。核桃所含的B6及杏仁中所含豐富的B2及菸鹼酸，可以治療神經緊張紓緩情緒。

12.優格

　　健康的消化系統是身體健康不可或缺的要素，優格所含的腸道益生菌及益菌助生質，可以促進及維護腸道健康。腸道益生菌還可以吸收誘導有機體突變的致癌物質、尤其是導致結腸癌的物質，降低罹癌風險；還能刺激免疫系統，緩解過敏症狀。腸道益生菌有助於消滅引起胃潰瘍、也可能引發胃癌的幽門螺旋桿菌。

　　優格又是可消化蛋白質的最佳來源，富維生素 B 群、磷和鉀，富含鈣質，其乳糖又可幫助吸收鈣質。一碗優格加上一把藍莓或其他莓類、灑上核桃、杏仁片或其他種子，是最簡易的美味超優早餐。

13.菇類與木耳

　　菇類富蛋白質、含高量膳食纖維、豐富的礦物質及維生素 B 群，有影響身體各部門養生保健等功能，又能適時紓解壓力讓人心情愉快。香菇含有一種香菇嘌呤物質，能防止膽因醇沈澱，預防及改善高血壓及動脈的硬化。食用香菇及蘑菇，能增強免疫力，預防與對抗癌症。

　　木耳的含鐵量比肉類高百倍，並含有豐富的維生素B2，能防治神經衰弱，舒緩情緒。營養價值高，除了可以防治心血管疾病之外，能增加巨噬細胞吞噬功能，提高身體的免疫力，有防癌作用。木耳含有膠質成分，在中醫來說滋陰潤

肺養顏美容，又有比肉類高出數十倍的鈣含量，可以增加血液的黏稠性，促進血液凝固作用。

14.大蒜與薑

　　大蒜中特殊的蒜素有強大的殺菌效力，甚至比盤尼西林更能抑制某些傳染細菌；蒜素能降低膽固醇的合成，也能降低血小板的黏度、可防止動脈硬化；又含有類胡蘿蔔素，可以預防癌細胞的生長。不過，只有在新切或搗碎生蒜時，蒜素才會出現，所以大蒜最好生吃，不能接受生蒜味道的人，可以先把生蒜拍碎，在炒菜時再加入鍋內，但是不能煮太久，長時間加熱會大幅降低蒜素的藥效。

　　生薑可以止嘔、利尿、消除脹氣紓解消化不良，消腫、去風邪、預防感冒，還可以防止偏頭痛。大冷天回到家，喝一杯熱呼呼的薑茶，可以遠離著涼感冒。

08

MONDAY

August

與自己的身體對話

　　一星期以前對我來說不僅只是困難，而且是絲毫無法做到的仰臥起坐，今天在毫無預警的情況下，竟然輕易地做到了！不禁歡喜地當即在課堂裡宣佈：I DID IT!

　　有時候會覺得自己的身體，彷彿是我除了我的思想之外，另一個叫做「我的身體」的獨立個體，有他獨特的自覺性，常常忍不住要和他對談一番：「行吧？！行吧？！這個不難呀！」

　　可是，對身體而言，任何一種新的學習，並不只是一種單純的訓練而已。身體在接受一種新的規則之前，必須要先學會捨棄他已經非常熟悉的老舊規則。只要坐過長途飛機就能明白這一點，很少人不會沒有時差的困擾。你的身體很忠實地遵守著老規則，原來該睡覺的時候就會睏，原來該吃飯的時侯就會餓，必需要有一定的時間，才能逐漸自覺地接受新的規則。

　　就如學習任何一種運動一樣，學習瑜珈必需要不斷地向身體注入新的規則，讓那些很頑固地、忠誠地依循著你的舊習慣，而緊繃著不願伸展的骨骼關節與韌帶筋肉，學習逐漸地放鬆而終至能夠柔軟伸展。

　　過程絕對不是輕鬆的。每次打開一個卡住的關節，拉伸一

條緊縮的肌肉，你的身體會極無情地以好似永無止境的酸痛疲累，埋怨報復你。

然後，有一天，當你在做英雄式一的時候，你無限延伸地平舉雙臂、轉身、左腿前伸屈膝與地面成直角、右腿後伸打直、雙臂高舉、抬頭仰望、挺直腰背，你的汗水從髮際、從背脊潺然流下……突然間，你感覺到一種從未感受到的自由，一種來自經由嚴格的鍛鍊之後而得到的、身心合一無二的解放。你覺得，自己正是那個勇者。

把人生的每一天當做一個嶄新的開始，一個饒有趣味的學習過程。每一段自我期許的里程，都有它特具挑戰性的目標，以漸進而平和、卻是恆久堅持的心態，去因應困難、排除障礙，然後，有一天，你突然發覺自己竟然已經達到目的地了！心中的喜悅自是那最為甘美甜蜜的果實。這時候，那怕只是小小的收穫，也應該要不時私底下好好獎勵自己：「我真行啊！」

試試這兩招「亞力山大技巧」試驗，你的身體也許有話要對你說。

F.M. Alexander　（1869-1954）是澳洲一位在專業領域裡很傑出的莎士比亞舞台劇演員，在演劇生涯的早期就患有慢性喉炎。有一次，他在舞台上演出時竟然完全失聲，醫生給他的主要處方就是休養。但是他更積極地採取行動，意圖完全恢復說話能力。他每日在三面落地鏡前觀察自己說話時的樣子，結果發現由於頸項姿勢與位置的不當，產生的壓力壓縮了脊椎，因而使他失聲。經過無數次的試驗，他發覺若將頸項加諸於脊椎的壓力減輕，就不會擠壓縮短脊椎，而讓脊椎無礙延伸，因之放鬆肩頸和背部，讓人覺得輕鬆。

　　從亞力山大的觀察法來看，身體是由背、頭、臂、腿四部分組成。背是主結構，長度從坐骨延脊椎直到後腦勺底下，寬度則到兩邊肩胛骨。頸項是背部的一部份，不是頭的一部份，人的頭其實真的有點像搖頭公仔那樣、架在大約與耳部同高的脊椎頂端；肩是背的一部份，不是臂的一部份；骨盆是背的一部份，不是腿的一部份。要舒解肩、頸、背部的緊繃壓力，瞭解軀體這樣的關聯是很重要的。

　　亞力山大先生在近乎一世紀之前研究出來的技法，可以喚起身體自覺、解放身體壓力，而所謂的「Alexander Technique」至今仍然為絕大多數研究體能的醫學界及運動界人士奉為至臬。

　　「亞力山大技法」有兩個簡單的方法，可以讓你瞭解自己的身體，藉此試著矯正錯誤的姿勢，解放身體的緊張。

躺式

1. 在地毯上、榻榻米上、或瑜珈墊上，伸直雙腿仰臥。感覺自己背部是否有點緊張僵硬？伸手到肚臍位置的背脊後摸一摸，是否有個空隙？

2. 將一本一寸半至兩寸半厚的書放在頭部下方，作為「枕頭」，高度因人而異，調整至臉部與地面保持平行。不習慣用枕頭而臉部能與地面保持平行的人，不必墊書。

3. 膝蓋分開、彎曲；兩腳與肩同寬平放地面，緩慢呼吸，調整姿勢。頭部往牆壁方向伸展；彎曲的膝蓋往天花板方向伸展；注意將兩肩下沉放鬆，手臂貼地；兩手放在小腹上，手指張開但兩手手指不相碰；吐氣時背部伸長往下沉，此時背部應該貼在地面而沒有空隙。

4. 保持這樣的姿勢，緩慢呼吸，感覺肚臍因呼吸而上下起伏；探索自己的身體，試著調整姿勢，逐漸鬆弛緊繃僵硬的部位

5. 每天找時間持續做十至十五分鐘，慢慢習慣在各種姿態中如何放鬆身體。（見圖）

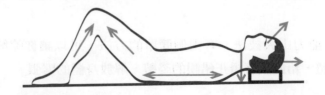

坐式

1.坐在椅墊很薄或是木製的椅子上，以習慣的姿勢坐穩後，站立。絕大多數的人都會如「圖一」一樣，在站立這個簡單的動作中，挺胸縮頸、頭部後仰而壓擠縮短了脊椎，致使頸項、背部、骨盤週遭受到壓迫而緊張，旁觀者可以看到身體是扭曲的，如「圖一」。

圖一　　　　　　　　　　圖二

2.站立時，試著先將頭部提起稍微往前、往上傾斜，拉長背脊，帶領身體如「圖二」起立。經常習慣性這樣從坐姿站立，身體會自覺地校正頸項後縮、擠壓脊椎的不當姿勢，而減少身體的緊張。

3.坐姿。在使用電腦時或看電視時，停止動作，保持原來姿勢；舉右手按頸項，大多數人會摸到成橫U型的頸項，此時頭向後仰，頸椎往下壓入背中，肩胛骨向上扛。

4.手仍按在頸項上，將頭往斜前方稍傾，往上、往前提起；此時，手指可以完全感受到，因為頸項的伸展拉長，紓解了頸椎連帶脊椎的壓縮。

每天化二十幾分鐘做這兩式「亞力山大技法」，你或許能夠逐漸瞭解，如何舒解因不當姿勢造成的身體壓力，進而養成身體放鬆的自覺。

09
TUESDAY

August
上帝給你的兩個盒子

家祺是一家股票經紀公司的交易員，曾經為我處理過一些股票的交易事項，是個溫文有禮的年青人。去年年底有一天他打電話給我，說是想來拜訪我或是約了在他公司樓下的咖啡廳見面，我心想他也許換公司了，想要吸收我這個客戶。誰知，他確實另有高就，卻是財經分析師而不再是交易員，他只是要和我道別送我一些小禮物，謝謝我對他的照顧。

我一方面覺得他的知情達理是時下年輕人中較少見的，一方面也納悶著才大半年不見，他不知為何消瘦得連臉都小了一圈。起先他還支吾答說確是多少因為有在減肥的原因吧！後來才告訴我：這大半年來，他做木工的爸爸因為大腸癌二度住院，他經常晚上要接替白天照顧了爸爸一整天的媽媽，去醫院照顧他爸爸。

「媽媽辭去了麵包店的工作，她和我都想儘量多陪陪我爸。」他平時臉上總是帶著笑容的，即使這一刻他仍然微微笑著這麼說。

我看他左右手都帶著什麼天珠、能量石之類的手鍊，就問他：「你相信這些東西嗎？帶這麼多條！」

「最近比較累，可以增加點能量。」他靦腆地說，又從衣領裡拉出一條一顆顆所謂的天珠串成的項鍊給我看：「我媽很相

信這些的，她自己很省，卻化了好多錢買這一條，要我日夜戴著，說是可以護身。」

「你們一家三口感情很好哦！」他說話時對父母的親情流露不遺，讓我聽來覺得很溫馨。

「對啊！我爸媽都很疼我。」他說，低頭沉思了一會，然後又抬頭對我說：「以後我還是會用e-mail和妳連絡的。」

但是，自從那次見到他之後，有大半年都沒有他的音訊。前幾天又開始收到他寄來的財經資訊，還有他轉寄的一篇「兩個盒子」的短文，文中的大意是：

上帝給了一個人兩個盒子，一個金色，一個黑色。

「把你的快樂喜悅放在這個金盒子裡、把你的悲傷煩憂放在這個黑盒子裡。」上帝這麼對他說。

於是，那人每天都遵從上帝的指示去做。

日復一日，那人發覺金盒子愈來愈重，黑盒子卻和原來一樣沒有加重。那人很好奇，打開黑盒子看，發覺黑盒子底部有一個洞。

「我的悲傷煩憂、都掉到那兒去了哪？！」他問上帝。

「都在我這兒哪！我的孩子。」上帝微笑地對他說。

「爲什麼金盒子沒有洞，黑盒子有洞呢？」那人覺得很納悶。

「金盒子是讓你儲放你的快樂喜悅，所以讓你知道感謝自己得到的恩賜有多麼大。黑盒子是教你懂得放下，所以你不再悲傷煩憂。」

雖然仍有些記掛家祺，不知他是否不再那麼消瘦？不知他爸爸的情況倒底怎麼樣了？看了這篇短文，想到他很陽光的笑容，我知道他擁有上帝給他的這兩個盒子，於是，不再為他憂心了。

想起另外一個不常見面卻時常發e-mail給我的朋友。有兩篇她轉寄給我的小寓言很有意思：

一篇是說，有一隊淘金有獲的隊伍在沙漠中行走。大家都背負著沉重的包袱又累又痛苦，獨有一人輕鬆愉悅地走著。別人問他：「你為什麼這麼惬意呢？你的包袱為什麼這麼輕呢？」那人笑著說：「因為我帶的金子少啊！我的願望只是在鄉下的小河邊蓋一間小木屋，工作閒暇之餘可以種種菜、劃劃小舟。我淘到的這點金子夠用了。」

另一短則是說，有一隻小雞破殼而出的時候，正好看到一隻烏龜緩慢地匐行而過，那隻小雞就此背負著蛋殼過了一生。

感恩你的快樂喜悅，放下你的悲傷煩憂；不要太貪心，擁有少一點；弄清楚自己的人以生目標，不要人云亦云，一心一意努力做好自己；你會發覺，肩膀上少掉許多負荷，快樂其實可以很簡單，做人其實也可以蠻輕鬆。

有一個作家朋友多年來都有嚴重的失眠症，到後來正常份量的安眠藥都不管用了。她開始練氣功，每日清晨六時不論晴天雨日，一定到家居附近的小公園去練兩個小時的氣功，春去秋來，時光荏苒，她依舊常常失眠。

　　「練氣功很關鍵性的一點，應該是要能夠放鬆，你是否不夠放鬆呢？」我這麼問。

　　「我有放鬆啊！我常常提醒自己要放鬆的。」她是個做什麼事都很認真的人。

　　「會不會是你自以為放鬆了，可是並沒有真正地放鬆呢？會不會正因為妳太認真地提醒自己要放鬆，反而因此放鬆不下來呢？」我說。

　　她思索了一會兒說：「有可能吧！我倒是沒有想到那一層去。」

　　也有時候認真過了頭，許多壓力是自己往身上扛的。

　　試試看這個教你「放下」的小實驗，看看你能領悟到什麼。

1.兩人對面而立。相距一臂之長。一人伸出雙臂，將對方的手臂由手肘部位撐住，B則將手臂完全放鬆；A開始慢慢搖晃兩臂，剛開始不會覺得B手臂的重量，逐漸因為B的放鬆而感受到沉重。

2.在搖晃中，A突然將一隻手放開，B的手應該會自然地垂

落，但由於腕部的重量，垂落的手會前後稍微搖晃幾下後，才在身側停住。但是，實際上，在A放手的瞬間，B的手臂常會因為手腕部份的緊張感沒有完全釋放，而持續左右晃動幾下才垂落。

這個「放下」的小實驗，是要讓你體會：「原來緊張的感受是這樣的．」從而學習如何放鬆去除這種緊張。

10

WEDNESDAY

August

不要重踏惡習循環的覆轍

今天去看我的高血壓心臟科醫師曾大夫。

一進門他就對我說：「妳連著兩次又浪費了我的掛號。」曾大夫很直爽，很照顧他的病人。看了他六年了，多少有點熟了，講話很直接。

「妳掛一個號，我們診所需要經過五個人作業。」他說。雖然是用他一貫的、半玩笑式的語氣說的，我這次真的覺得慚愧。

「好！好！我以後一定改過自新，而且要早點來。」我說。每次都被他說：「我就猜到最後一個一定又是妳。」，每月一次，我得去復診拿降血壓的藥，有事或沒事，不管掛的是幾號，我經常在一點半休診時間前才趕到。雖說是不想在掛了百來號的門診室外左等右等，常常差一點就吃閉門羹。

「這倒還好啦！我們現在改到兩點休診。」原來如此。我正心想已經一點四十分了，好險醫生還沒離開。

掛了號，沒去看醫生照時間拿藥，不但表示我又疏忽了，有幾天忘了吃藥，也表示我的日常生活作息很紊亂，連寫在日曆記事本上的每日該做事項，都常常被我忽略。每次急急忙忙像趕銀行跑三點半似地，趕診所跑一點半，更是毫無藉口可

言，因為我目前的生活比退休的人還要空閒。

雖然是小事，說嚴重些，這完全是惡習不改。

回顧歷史，歷史經常重演。回顧已往，你是否發覺往事經常重複相同的模式？幾乎是如出一轍，同樣的錯誤屢錯屢犯？你老是一再愛錯不該愛的、同樣類型的人？！股票總是買在不該追高的高價，又在股市大貶的節骨眼惶恐殺低？！是不是每次都人雲己雲，趕時尚、趕風潮、投資你自己根本弄不清楚的行業而弄得血本無回？

客觀冷靜地分析已往舊事。承認你過去曾經在人生的路上，一再跌跤；承認你過去的行為及心態所有曾經有過的弱點和汙點。每一個有志要為自己開拓另一階段嶄新人生的人，都應該痛定思痛，回顧面對已往，鑑定自己過去的行為模式，去蕪存菁，警惕自己不再重踏惡習循環的覆轍。

承認已往的過錯，並非屈服也不是就此放棄，只是認知實況，然後決定對策。

10

August

有時候給自己一點壓力是好的

約了 **Angel** 今天一塊兒吃午餐。她說：「我把我們出版社的編輯綺文一塊兒帶來吧！」

和 **Angel** 相識兩年多，每過一陣都會約了吃午飯，只因喜歡她這人溫良恭儉、本份卻執著。做出版社只為了自己的理念，不出版市場書，只出版對讀者有用有價值的好書。對有理想有原則的人，不管相識或是不識，我心裡總是多一份尊重的。

與 **Angel** 吃頓飯，每每天南地北聊上好幾個鐘頭，也常笑談說我至少也該寫一、兩本書的，尤其說的是愛情小說。

雖然不是愛情小說，我寫書這事這回是認真的了。**Angel** 叫我推敲一下什麼時候可以交稿。

昨晚狠下勁兒寫了六千多字，寫來倒也如行雲流水。我打中文彷彿拙手繡花兒，用了蒙恬筆，手法不熟練，這數千字寫下來也不容易，一寫不覺三個多小時，待到上床睡覺已是清晨四時。

有時候，給自己一點壓力，臨時抱佛腳還是頂管用。

我一夜未眠，許是這幾天腦力激盪過度了，腦子太興奮安靜不下來。六點起床再把這書的章節綱要，重新編審整理再寫了一遍。之後，泡了個熱水澡，敷了個臉。

Angel說她不擔心這本書寫什麼？怎麼寫？寫得如何？但是丟了一句：九月底至少要交一大半稿子。

「妳不是每次都說我不給妳壓力麼？」，她說。想起自己原先告訴她說可以十月底出書的，我只好唯唯諾諾說：「好啊！好啊！」。

常去的這家義大利餐廳換了菜單，大家吃得很開心，閒聊著。Angel聽我說她看來氣色很好，說是她去看的那位七十多歲的老師父排酸的手法很厲害，問我要不要去試試看？

「可是只能穿胸罩與內褲的哦！」她說。

「那就免了吧！我還是練我的瑜珈和呼吸運動。」想要拖她去練瑜珈，對她說也許她後大半生都會因此感謝我。

「我對那個沒辦法，太辛苦了。」好吧！人各有志。

我和Angel老樣子天南地北聊著。很少時間真的談到出書的事。

回家後去樓上的美容師那兒做了臉。又泡了個熱水澡，雖然有點累，可是沒什麼睡意。兩天一夜沒睡覺，沒有體力，晚上沒去上瑜珈課，在家一會兒看看書，一會兒閒閒躺著，一會兒隨意看看電視。

明天又有颱風，今夜天色卻很沉靜。我很心安理得地、懶懶散散地過了這大半天。

12
FRIDAY

August
今天我關上通往外界的門

颱風欲來又止，掃到颱風尾卻免不了呼拉拉潑剌剌地整天狂風暴雨。風雨更劇烈的中南部不知又有多少災難人家。

今天是暫停一切的日子。

前晚只迷迷糊糊、似睡非睡睏覺了兩個小時，昨晚也沒睡好。又是另一段新生活的開始，需要再次的調整身心與日常作息的習慣。有時候什麼也不做，什麼也不想，不想該做什麼，不想不該做什麼，放空自己，可以消除因為一再要適應改變而不斷產生的新壓力。

再也沒有在比如此風雨交加的日子，**暫停一切、什麼也不做**更好的時候了。

泡泡熱水澡，修護保養手腳，再敷個臉；在身心完全放鬆的狀態下，作「冥想」瑜珈，自由自在地伸展舞動自己的肢體；我在悠揚頓挫、時而喜樂、時而悽愴的二胡交響樂中，覺得很悠閒。

看了一部《中央車站》的VCD，故事感人心弦，流了不少眼淚。

有時，流淚也是一種釋放心中積壓情緒的方式。

August

輸了也可以成為贏家

中國命理學的紫微斗數學，有十四顆主星主控一個人的命運，其中有一顆祿存星。顧名思義，祿存就是「把祿存起來」的意思。不論在你命盤的那一個宮裡，一生之中，不論那一個大限，那一個流年，那一個月甚至小至那一日、那個時辰，只要踫到這顆祿存星，你就有機會把祿存起來，顧名思義，就是你有機會把錢存起來。

紫微斗數就譬如東方的占星術，是以大大小小一百多個星座，根據個人的生辰年、月、日、時，排列出星盤，以星曜的陰陽五行旺弱，磁場的互動性，配合十二個宮位，引伸到六十多個單元，而推演出一個人先天的「命格」與後天的「運勢」。

不同的組合排列出不同的命運，但是無論是皇親貴族或是販夫走卒的命盤裡，都含有這大大小小一百多個星座。所以，「乞丐也有三天好日子」，每一個人在他的一生中，都會有把祿存起來的機會。

人生的路途上難免有所阻撓，但是，每次越過荊棘，荒漠之中，也常有探尋到甘美泉水的驚喜。話從另一頭來說，紫微斗數的這顆祿存星，一定有一羊刃、一陀羅兩顆煞星，在左右二宮挾持，意思也就是：「有錢的好日子不一定會太好過。」

紫微斗數的人生哲學常有「失之東隅，收之桑榆」的意

味。想想看，大大小小一百多個星座，無論吉、煞、喜、忌，雖然因組合的或然率不同而有層次差異，是禍是福、抑或是禍又是福，都排在命盤裡，無人倖免。

有人辛勞一生創立大業，卻是宿疾纏身、英年早逝；有人富甲一國，卻無法挽回與自己攜手創業愛妻的性命；有人富貴雙全，夫妻恩愛卻苦無子息；也有人雖居陋巷，家庭食口繁多，但是和樂融融；也有人無名又無利，但是做好了自己喜歡的工作而心滿意足。

世間事沒有十全十美，總是有好的一面，也有壞的一面；命運不是一潭死水，端看你如何去導引。紅顏未必一定要薄命，壯士又何需身先士卒；凡事少為自己計較盤算，多為他人著想，福來常常雙至；一旦有禍躲不了，因應得當就不會再衰一次。

我絕不迷信，但是從命理來探索自己的人生，使我檢視過去而感恩珍惜現在所擁有的福報，也讓我心存警惕，希望能夠心安理得走好未來的前程。

即使是在現代無時無刻都遍地荊棘阻撓、處處充滿激烈競爭的社會裡，跌倒與爬起、失敗與勝利、輸與贏，常常都是一體的兩面。

奧林匹克運動大會是在比賽技高一等、競爭輸贏麼？！奧林匹克精神教導運動員：要尊敬你的對手，因為他是你學習的好對象；要擁抱你的對手，因為他幫助你發揮了全力。

奧林匹克精神追求「更高、更強、更快、更遠」的真義，

不是要打敗對手奪標，而是不斷的超越自我，愈挫愈勇，時時反省，追求自我的成長進步。

　　人生只是學習的過程，不必廝殺如戰場。只要記取教訓，那麼，不是得到成功，就是累積經驗；不是得到自己最想要的結果，就是學到世事總不會盡如人意。人生其實沒有所謂的輸贏，因為，輸了也可以成為贏家。

17

August

JUST START！

翻到一本在洛杉磯好萊塢頗享盛名的健身女教練寫的健身教練手冊《Fitness Hollywood》，這本手冊書開門見山第一章的主題是：「確立你的生活方式目標」。

作者如是寫著：與其費心思量為何不能做到某件事、或是達成某個目標，倒不如把心中時常持有：「YES, BUT…」的猶疑不決或是對自己的負面評價，轉變成為正面的思考。對自己說：「YES！」意謂著：我真的要改善我目前的生活方式，我，要過得更好！

一向喜歡在書中畫線、打圈、寫感想、作眉批的我，想當然地寫下了許多志氣高昂的句子。

在書的第二頁開端，我寫著很大的幾個字：設定合理的可達成的目標。還有一行英文字：I want to lose 10 pounds in a period of 6 monthes. 從第二頁到第十二頁，我陸續寫著：

改變飲食與養成運動的習慣。

六個月的完全投入。

把目標寫在紙片上，貼在最醒目之處—冰箱上。

DON'T WADE！BE A PLUNGER！

每日八杯水。

不要因無聊、壓力、寂寞、或氣惱而亂吃零食；取而代之去散步、洗冷水澡、泡熱水澡、看搞笑但不是無聊的電視節目、約朋友看電影、或是打電話給好友訴說自己的心情感受。

每日定時做運動，即使是很累的時候也要做。做到一半就會覺得精神好多了。

絕對，絕對，絕對，不要再做「沙發馬鈴薯」。STOP BEING A COUCH POTATO。

學習用電腦，學彈琵琶。

不斷自我成長，每日必需讀書。

POSITIVE THINKING—NO PROBLEM！！

HEY！善與不善等，諸事都自有因果，好與壞都有正反兩面，端看你從那個角度去思考。去蕪存菁。

真正放下，身心輕鬆。

DECISIVENESS IS THE KEY WORD.

每日完成一事。

一日之計在於晨。

不要讓負面情緒嚇唬自己，深呼吸、腳步慢下來，作正面思考。對所擁有的一切時常心存感恩。

境由心造。心念一轉，如軸帶輪。

自省！自省！DON'T ALWAYS POINT YOUR FINGER AT OTHERS！

日行七千步，每日必讀書；三餐要定時，運動要堅持。

日記所思所行，自我對話。書中自有千秋。

時間表！時間表！

日期：1993年1月25日。

Goals：LOSE 10 POUNDS WITHIN 3 MONTHES AND KEEP IT OFF！

LEARN HOW TO USE COMPUTER WITHIN 3 MONTHES！！

STARTING FROM TODAY！！！

我在六年前學會簡單地使用電腦，可以上網查資訊、寫E-MAIL、打賬單合約信件文稿，現在可以用蒙恬筆寫作；體重則

一直在五磅之內增增減減；翻譯了一本《拉薩之旅》；做了十年電視劇戲劇代理；除此之外，沒什麼自我成長。

我有一個朋友，那年四十五歲的年紀了，重返校園，得了一個兒童教育學的博士學位，現在是大學教授，並且熱心投入單親家庭問題兒童的輔導工作。回顧當年，我的一個高中同學，開始學唱南管、拉二胡、彈琵琶，如今學藝有成，常常上台表演。我光說不練，連琵琶的邊兒都還沒摸著。

今天，我將這些書頁放進碎紙機裡，只銘記作者的一句話：

YOUR DREAMS COME TRUE ONLY WHEN YOU ACT TO TURN THEM INTO REALITIES。

即時行動，夢想才能成真！

JUST START！

18
THURSDAY

August
溫柔不是一種姿態

昨晚沒有寫作，幾夜沒睡好，日間覺得精神有些不濟，昨天幸好午後打了個盹，去上瑜珈課之前，躺在床上休息竟然又睡了一小覺，只是上課時韌性仍然差了些，心想不如好好睡一晚，至少第二天可以早起。

我是資訊癮者，仍然因為一上網就忘了時間，待到上床已經將近凌晨一時。發狠仍將鬧鐘撥到六點。

清晨起來感覺真清爽，連斜對過人家的鴿子都仍在鴿籠裡安眠，空氣聞著新鮮欲滴，在這個都市的水泥叢林裡，窗外看出去有個滿目翠綠的小公園，真好。

早上起床後，一杯熱咖啡是許多年的習慣了，不是成癮而是不願捨去那種大約沒有大害的小享受，原想喝了咖啡待會再做運動的，時間表上列了起床後要做半小時的彼拉提斯塑身操，然後做半小時的太極大圓呼吸運動和天行大呼吸運動，到今天還未能身體力行。

朋友稱讚我已經進入備戰狀態，令我萬分慚愧，覺得自己意志力太薄弱了，真的要加把勁。

「下星期一開始，我一定要依照時間表作息。」，我這麼對她說。這是一種自我要求的承諾，說給別人聽只是為了更能不

留餘地的激勵自己。可我仍然做不了大貓式，說過要在洪老師返台之前學會大貓式的，他去東南亞遊走了兩個星期，昨晚回來，我只好坦承失言。

不過，我還是決定再放過自己一馬，至少，我進步到可以輕而易舉地做仰臥起坐了。

Chris在瑜珈教室留了一本《聯合文學》和一本慈濟人寫慈濟人故事的《答案》給我。

昨晚看了Chris的專欄，再次讓我感受到她那種潛隱在溫婉中的熱情，與字裡行間竟然是綺麗的浪漫。

今晨整理書桌，原是要把這本《答案》放到書櫥裡去的，只是隨手翻翻罷了，誰知翻到的那一篇就讓我感動落淚，這一看欲罷不能，看完整本書已是八點半了。

與Chris是在瑜珈教室認識的。她來去匆匆，不是常有時間與人交談。初識時，因她寫影評，與她談起過《夜奔》及《FRIDA》這兩部影片，也是我說得多。總覺得她是個不多言很內斂的人。後來，她給了我一本《聯合文學》，從她那篇專欄的文字裡，我感受到她有一股內蘊的熱情，我也給她看了自己往日兩首瞎塗的詩作為回報。

之後，Chris總是很有心地邀我去看藝術電影的首映，或是去聽她主持的藝文談話，我都正巧有事沒去，偏她還記著我。

總覺得溫柔是發自內心對待別人的，一種細緻的關懷，一種並不期待回報的溫馨，而不是一種言辭行為上的姿態。Chris

是一個溫柔的人哪！

《答案》裡的真人實事篇篇感人，其中我翻看的第一篇，再看依舊讓我熱淚盈眶。

有一位慈濟人，有一天在花蓮接到丈夫的電話說：「兒子出事了，妳趕快回來！」她奔去跪求證嚴法師：「師父！我只有這麼個兒子，請您救他！」證嚴法師牽著她的手扶她起來說：「一切都是因緣。妳是學佛的人，平時怎樣輔導別人，現在更要用正念來看待因緣。妳要振作起來，化小愛為大愛，視普天的孩子都是妳的孩子。」

回台北的路上，她一直祈求觀世音菩薩：願意盡形壽、獻身命、希望能夠挽救兒子的生命。

到了三軍總醫院，聽到一句：「人已經送到太平間了。」她整個人癱倒在地，哭喊著：「我要看我的兒子。」她不敢怨天怨地，心裡反覆自責：一定是自己做得不夠，所以這個因緣果報才會應到自己身上。

看到她兒子孤零零躺在太平間，她心痛地哭喊不已：「兒子，媽媽你只有你這麼個兒子，你怎麼可以就這樣走了？」只見她的兒子眼角淌下淚水，她忽然想到佛法教說人臨命終時，若對他哭泣會讓他生起執著；她馬上對兒子說：「兒子，這個世間原本有生必有死；爸媽會照顧自己，也會把媳婦當作女兒般疼愛，所以你要萬緣放下，安心的去。要快去快回，再回來做一個能救人的人。」於是，她輕輕地將兒子微微張開的眼睛撫下。

法醫最後斷定她兒子是因心臟麻痺死亡。她簡直難以相信，兒子每年做健康檢查，並沒有心臟病的徵兆。軍法處的人對她說：「我們今天代表軍方來替你們作主，有什麼疑問儘管說出來，有什麼條件也儘管提出來，你們若不相信法醫的判斷，可以解剖。」她問：「如果解剖，可以捐獻器官嗎？」他說：「已經超過時限了。」「那麼，對醫學研究有沒有幫助？」他回答：「我們只針對他殺之嫌作解剖。」

　　她想到佛法說因緣果報，一切都有因有緣，學佛的人應以善解心寬容一切，何況兒子那麼善良，不可能有人會害他。她不像一般人一樣為了要求賠償而吵鬧不休，反而向軍方人員鞠躬道歉：因為兒子出了意外而讓軍方麻煩困擾，她的言行態度讓軍法處的人員驚愕又感動。

　　她以兒子的名義捐獻獎學金，也將兒子喜愛的電子魔音琴與藏書全部捐出來。此後，她放寬胸懷，看到年輕人就像看到自己兒子一樣窩心與喜愛。

　　痛失親人讓生命沉重艱苦，然而像這位喪失獨子的慈濟人，將小愛化作大愛，不但給自己與別人的人生帶來安慰與光明，她對人的包容、寬大與慈悲正是最感人肺腑的溫柔情懷啊！

August
歡喜就在你身傍

　　早起去便利商店買牛奶，走過大樓旁的小公園，偶一抬頭，看到幾棵大樹，濃密的枝葉之間垂掛著一大串、一大串穗狀的黃色花朵，地下灑滿了片片落花，煞是好看，走近低垂的枝條，還聞著了極清淡的一股花香。在這大樓住了六年整了，竟然從來不知有這樹會開如此討喜的花呢！

　　當初，選這居處就挑它有兩樣的好：第一樣好是距離百步之遙，就有一個極大的誠品書店；另一樣好就是公寓大樓建地旁有這個五百建坪大、屬於市府社區公產、永遠不建屋的小公園。

　　我選了五樓的邊間，從西邊兩個大窗應該可以看到公園的綠蔭樹叢吧！小公園挺簡陋的，有個定時直接噴水到鋪了小石片地上的噴水柱，繞著圓形小廣場的走道種了一排樹，還有一個小土丘雜種著喬木與矮樹叢。那時聽說這已經老舊差強人意的小公園，被旁邊大樓的企業領養了。總會改善吧！我這麼期盼著。

　　三年前改善後的小公園卻了無新意，時常髒亂，摩托車照樣日日大剌剌地繞著公園違規停車。除了偶而從窗口張望一下，即使路過，我也很少注意這小公園的動靜。

　　今天真是驚豔，僅是這幾樹黃花就夠難得了。錯過了好幾個花季啊！

突然想吃速食店的滿福豬肉堡。難得縱容自己一下吧！

到了速食店，那店員沒等我說話就笑著說：「滿福豬肉堡加蛋、薯餅，飲料加十元換兩盒鮮奶，是吧？！」

「妳記性真好啊！」我說。近大半年沒看到她了，她瘦了一大圈，還染了一頭土金色的短髮，五十來歲的年紀看起來比已往年輕許多。不知發生了什麼事？！總是好事吧！神采奕奕又笑容可掬的，與從前大不一樣了。

「我很久沒來了，妳竟然還記得。」

她仍然笑容可掬地把一紙袋的食物交給我，沒說什麼。

「對啊！妳好久沒來了！」倒是那個在另一頭忙著、年輕的長得很端正的男經理笑著這麼說。

我偶而貪吃速食的罪惡感自此消失殆盡。走在路上忍不住笑起來。不相干的人也記著你，多麼好。

這一上午真叫人歡喜。

對別人的關心讓人覺得愉快，笑容具有傳染性。時常微笑，可藉由放鬆你臉部的肌肉，自腦部釋出血清張力素，讓你覺得快樂舒適。樂人樂己，歡喜就在你身旁。

電視新聞報導一家包子店，客人天天排長龍等著買包子。一間小舖，每天可以賣到三、四千個包子。客人都稱讚好吃。問老闆他做的包子有什麼獨門秘方？木訥的老闆笑笑地說：他

的包子除了真材實料之外，沒什麼秘方。餡兒裡的菜、肉一定精選上好的，選麵粉從不草率，在揉麵拌餡兒上也多下了工夫，如此而已。

一個人不一定要有多麼了不起的學問或技藝，也不一定要做了什麼了不得的事才叫做成功。只要腳踏實地盡一己的本份努力，歡歡喜喜地做，連賣包子一樣可以名利雙收，賣到嚇嚇叫！

看著這樣的電視報導，替那包子店的老闆歡喜，也就有勁地高高興興起來。

August

撞鐘的和尚

　　有一回，去大陸旅遊時，路過一個隱蔽鄉間的小廟，傍晚時分，一個年青的和尚正在撞鐘，和尚素面淨心虔誠地撞著鐘，鐘聲嘹亮清澈，彷彿一首莊嚴的樂章，不斷地隆隆響著，讓人聽著心中不禁也覺得莊敬起來。

　　那鐘大約有一人高，撞鐘的圓木椿子，少說也有一個大碗的口徑那麼粗，和尚撞完鐘後，面不紅氣不喘依然素面淨心地從懸鐘處的小丘上走下來。

　　我問他：「鐘那麼大，圓木椿子那麼粗重，你不覺得累麼？」

　　「還行吧！慣了也就不覺得了。都撞了快三年了。」和尚靦腆地回答說。

　　「這鐘聲好宏亮，你日日夜夜撞，聽在耳裡能受得了嗎？」我問他。

　　「還行吧！剛開始不習慣。現在眼裡看不見鐘，耳裡也聽不見鐘聲了。」

　　「見林不見樹吧！」大約看出了我一臉的納悶，和尚用著他濃重的鄉音更加羞澀地說著，隨即雙手合十說聲很抱歉他手頭還有工作，轉身緩步離去了。

練習剛學著一點點竅門原先無法做到的體位，交叉著腿觀音坐的坐姿，前臂插入屈起的大腿下延伸往後，另一臂扭轉到背後，然後兩手抓握。剛開始，手臂手腕及肩胛骨都會疼痛，腰背也只能傴僂彎曲著，多做幾次後，身體開始自做覺地合作，動作順暢起來，那種打開胸襟盡量擴張的感覺真的很舒服。

又做了參考一本談養生之道的書仲介紹的、稍作簡化、較易做的大圓呼吸運動與天行大呼吸運動，動作不繁複，容易做熟。很緩和的動作，配合呼吸吐納，十分鐘連續做下來，竟然出汗；舉放雙臂直腿屈膝、仰俯收放之間，到後來只覺氣勢綿綿不絕，身心一體混沌無我。

也許有那麼一點兒「見林不見樹」的意思吧！

昨晚十二點半睡，清晨兩點鐘卻醒了，看了十來頁《紅樓夢》，仍然覺得實在十分的瑣碎，就不看了，但是這本書太叫好，我一定得卯著勁找好評論「紅學」的書來研究一番。後來靈感來了，寫下好多手札的notes。

上午打掃了房間、清了冰箱。因為瑜珈教室的生機小舖昨天下午送了訂購的兩箱燕麥奶來，索性也把儲藏櫃子清理了。不記得是那個美國名人說的話：DOING MUNDANE HOUSEWORK KEEPS ONE HUMBLE。台灣有個白手起家的大老闆，每天六點半起床，第一件事就是打掃院子，他也說：「這樣能使我謙卑不忘本。」

我發覺有條不紊的居家環境，最能助我思緒清晰、情緒安寧。

雖然尚未能完全進入作息時間表的狀態，只得個盡力而

為。還是要給自己打氣：羅馬不是一天造成的。我一步一腳印，日日朝目標逐漸邁進。

大圓呼吸運動

1. 站立，腳跟併攏兩腳成四十五度分開，雙膝微彎，脊背挺直，雙手掌心朝上，雙手成杯狀，右手握在左手裡。（圖一）

圖一

2. 以鼻呼吸。呼氣，徹底排空肺中廢氣。吸氣，雙手朝外向上舉，掌心依然朝上，舉到頭部上方連成一個大圓，同時緩慢伸直膝蓋，頸部伸直；提肛收陰、縮腹、鎖喉，屏氣。（圖二）

圖二

3. 徐緩呼氣，掌心
向下將雙手直線放下
拂過面部、喉嚨、心
臟、肚臍，回到起始的預
備動作，同時慢慢彎曲膝
蓋。（圖三、圖四）

圖三

圖四

圖五

4. 以一呼一吸為一次，間隔
可以做一次自然呼吸來放鬆呼吸器
官，至少做十二次，重複次數愈多愈
好，可以連續做五至十分鐘。（圖五）

天行大呼吸運動

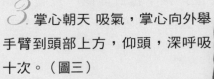

図一

1. 馬步 站姿。膝蓋微彎，手臂鬆垂身體兩側，深層呼吸十次。（圖一）

2. 抱甕 吸氣，掌心朝下，雙臂在身前緩緩上舉，至喉部時停下，翻轉掌心朝向面部，雙臂有如抱甕，圍成大圓，做十次深呼吸。（圖二）

圖二

3. 掌心朝天 吸氣，掌心向外舉手臂到頭部上方，仰頭，深呼吸十次。（圖三）

圖三

4. 掌心朝地 呼氣，徐緩向下彎身，掌心朝下，頭部與頸部放鬆下垂；吸氣，慢慢將手臂與身軀仰起，重複上一個舉臂仰頭，掌心朝上的姿勢；呼氣，徐緩將手臂下垂身體兩側。（圖四、圖五）

圖五

圖六

圖四

5. 繳械式 吸氣，手臂向左右兩方平舉與肩同高，掌心朝外，雙手與手腕成90度，手肘窩朝上，放鬆肩膀與手臂，盡量將掌心往外推；提肛收陰、縮腹、銷喉，短暫屏氣後，深呼吸十次，想像能量從手指掌心經手臂進入體內。（圖六）

6. 重複上五式呼吸動作至少十二次，在掌心朝向天地時，想像自天與地吸取能量。可連續做五至十分鐘。

22

一個大紙箱及兩張清單

　　住在康乃迪克州Bethel鎮的時候，有一對社區內唯一沒有孩子的鄰居夫婦，兩個金髮的俊男美女養了一隻大黃金犬，倆人平日通勤到紐約曼漢頓區上班，假日經常四處旅遊，一整年皮膚都曬成很健美的麥子色，是附近人家都豔羨的一對。

　　有一次，我在家宴請鄰居。太太們一塊兒閒聊，聊到家事實在太煩雜，那個在華爾街財經顧問公司做事的年青太太，用很嬌美的聲音說：

　　「我請了一個清潔工每週來打掃一次，平時我堅持用過的東西一定要放回原位。我每個月會列出一張清單，把不常用的衣物，放在一個大紙箱裡，過了半年，只要是我不再拿出來用，留在紙箱的那些東西，我就丟掉清單、封箱把它送去給救世軍。」她丈夫正好走過來，聽了就笑說：「對啊！她在這方面是非常認真執行的。」。

　　她的執行非常透徹，沒過大半年，聽說她和上司有婚外情，要求離婚搬走了，丟下丈夫，可是帶走了那隻黃金犬。

　　當然，不說她是不是該把不管用的丈夫丟掉，她的堅持寫清單、物歸原位和大紙箱原則，實際上很管用。

　　寫兩張清單，一張列舉「拒做事項」，一張列舉「待辦事

項」。有時候一件事不做或是要做常是一體兩面的。

　　你老是覺得手頭拮据嗎？首先就是要節流。剔除購物清單上不是真正需要的東西：等到新年再穿新衣，現在就少買兩件吧！那雙綴飾著一朵緞花的鞋，穿的機會絕對不多；手機花樣日新月異、液晶電視也可以等一等，價格一定會再降低；每週只做一次食物採購，不要買太多就會吃得少一點，看到零食縮縮手，一定省了錢又有益健康。

　　你總是覺得錢不夠用嗎？開源與節流一樣重要，但是需要更明確的計劃與執行力。世界天天在進步，你也許應該排出時間騰出精力，在你的專業領域裡再進修充實自己，也許不久你可以抓住晉升或是另謀高就的機會。

　　你覺得家居太侷促？想要有更舒適的生活環境？車子開了五年也該換了，或是想要買部夢寐以求的休旅車，可以一家四口樂融融環島旅遊？那麼，你也許該先平衡收支、再撥出部份的收入每月自動轉存到儲蓄存款的帳戶裡。也或許你該在一定的期間內，精力與時間都可以配合的情況下，再找一份兼差的工作？！

　　花些時間思考那些事是你的人生中最重要的？家庭？事業？名聲？金錢？抑或是很籠統的、所謂的幸福？

　　追求更多的金錢，只是為了達到某種目標。把可行性的目標弄清楚，就不會為金錢煩惱。金錢與物資也許會滿足你的需求，卻不保證讓你買到快樂與心靈的安寧。

中國文字很有意思，一個囚字就字形看是把人關一個圈子裡；一個囿字是有圍牆可養禽獸的園子，並有囿在一隅之意。人心中那個「想要擁有」的慾望，就好比圈在籠子裡野性難馴的猛獸，隨時會原形顯露。如果自私自利的心念不能祛除，事業與名聲，常常會讓你有如自囚，囿在一隅，走不出那個貪慾的牢籠。

你與至親家人之間是否有糾纏難解多年的心結？上一回你帶年邁的父母一起去旅行是多久以前的事了？你是不是許久都多沒有在孩子睡前讀故事書給他們聽了？那位幫你寫求職推薦書胃潰瘍動了手術的老教授，不知現在身體好不好？你還在怨恨那個移情別戀的舊情人嗎？或是你仍猶疑不決是否應該結束一段沒有誠信做基礎的感情？你和一個值得結交的朋友是否因為誤會齟齬以致不歡至今？你心中仍然嫉恨那個比你捷足先登升級做了經理的同事嗎？

這一張清除或需要你面對貪慾、愧疚、怨恨、後悔與嫉妒等負面情緒的清單，日積月累下來可能很冗長。負面情緒的累積常是消耗生命能量的隱形致命傷。丟掉讓你產生負面情緒的包袱，不要心焦性急，一項一項去處理，你的心情會一天比一天輕鬆。

用希望、滿足、感謝的心意與言行，讓你的人生有意義而充滿歡樂。

從一個大紙箱和兩張清單開始，不是那麼難的。

23

TUESDAY

August

那個初秋陽光溫暖的下午

一大早接到小鬼的電話，上次見到她已是半年前的事了，那時她隨著丈夫回來，順便照顧九十一歲生病的老母。

「妳回來多久了？」我問她。小鬼是我初一至高三六年的同學，因為她個頭長得小所以大家叫她小鬼，至今不改。這回妳隔了好一陣子才回來啊！我說。她說上次媽媽摔斷了腿回來過，待了五天就走了。

「這次因為大弟得了小腸癌，所以回來看他。」她說。

小鬼有兩個同父異母的弟弟。她母親是個極為寬厚溫柔的人，她的父親很文靜，當年卻有外遇還生了孩子，她母親知道後堅持將第三者及小孩接回家，從此視小鬼稱呼阿姨的第三者如自己的姊妹，對於那兩個小男孩更是疼愛有加，視如己出。

後來，那個阿姨有了男友，丟下兩個兒子不告而別。小鬼的大弟成人後找到了自己親生母親，和小鬼父母來往疏遠，小弟卻是溫良恭謙，侍奉小鬼母親如己母，待父親過世後一直晨昏定省住在同棟大樓的母親，一家大小都非常孝順。

「那他動手術了沒？」我問小鬼。「已經沒法開刀了，」小鬼說：「大約他自己太疏忽，發現時癌細胞已經蔓延，目前只能做化療。」

「他多大年紀啊？！」記得高中時去小鬼家，看到兩個黝黑的小男生鑽來鑽去的，他應該還正值壯年。「他才五十四歲，還很年輕，很不能面對這個事實。」小鬼說。

　　三天前才發現自己的左膝蓋上出現乒乓球般大小的一個腫包，依稀記得好像撞到過膝蓋。因為不見瘀青，幾天下來似乎變小了些但也沒有完全消失，讓我有點擔心。上網查了淋巴腺癌（Lymphoma）與骨癌（sarcoma），前者看來不像，後者則大多發生在十歲至二十歲的少青年身上，若是五十五歲以上的老年人常因癌症已經到處倉獗才會蔓延到骨頭。

　　打電話向曾大夫請他推薦一位骨科醫師，約了星期五去門診，順便複檢一下我已經老化並且受傷過的膝蓋，在上了近七十堂瑜珈課之後，是個什麼狀況？！膝蓋上的腫包到底是什麼？我暫且不去煩憂。

　　骨癌這字眼讓我想起了一件十多年以前的事。

　　那時我住在美國紐約州的Chappaqua。住在山坡下方鄰居Beth的女兒與Laura同班，兩人相從甚密，因此我與Beth也偶有來往。

　　有一個暑假，Beth的兒子Joshua突然在暑期營暈倒被送到醫院急診，沒多久聽說他得了骨癌。Joshua正讀完小學六年級要升初中，金髮碧眼長得很俊，書唸得好又是運動健將。有一回在紐約街頭被模特兒經紀公司相中，邀他去拍了紐約第五大道知名的Saks Fifth Avenue百貨公司的catalogue。這樣的一個男孩，說他是金童一點也不為過。他又和Beth最貼心，Beth還有一個讀高中的大女兒，兩個女兒都說媽媽偏心，Beth不肯承

認，但是任誰都看得出來，這個兒子是她的心肝寶貝。

Joshua住院做化療及出院在家養病的時候，Beth婉拒了一般朋友的探視。隔了沒多久，一次在住區的路上與她兩車相遇，搖下車窗和她說了幾句話，見她神色憔悴卻仍用平靜的語氣告訴我，Joshua已經住到上州一家照料Terminal Patient的醫院去了，她也隨著住在那兒照顧他。

Joshua在半年之後去世。Laura而仍去Beth家，只說Beth如往常對她很好。三、四個月之後，聽說Beth重回她原先工作的房地產公司了，我便打了電話約她午餐。

Beth瘦了不少，但看來氣色很好，依然亮麗優雅。

她說：「我也正想約妳呢！Joshua在家養病不能上學的那幾個星期，老師仍然給他一些指定的功課，這些是他寫的日記，我想與妳分享。」她說話的語氣很平靜。

「妳還好吧？！」我很笨拙地問她，不知道該說些什麼。覺得自己怎麼說也無法安慰她喪子的椎心之痛。

「他是上帝在我這一生中所能給我最好的禮物。」她用她淡藍色清澈美麗的大眼睛安寧地望著我說。「我每天都在回憶他十二年的生命所帶給我的歡樂與喜悅。」

「我唯一的遺憾是，自從三年前我開始做房地產經紀後，因為工作忙，工作時間又不定時，錯過了許多與他共處的時光。」她扭轉頭望向窗外，然後說：「真美啊！這秋天的楓葉！」

「妳知道嗎？妳真會選地方！Joshua最喜歡這家餐廳了。尤其是在秋天，我們都會訂這個桌位呢！Joshua說可以看到遠方滿山的楓葉。」

我的淚水忍不住奪眶而出，Beth轉過頭來輕輕撫著我的肩膀說：「妳把他的日記拿回去看吧！我從他寫的日記裡學到了很多。」

我得到Beth的同意，用Joshua的日記編寫了一篇「一個初秋陽光溫暖的星期六下午」，在一家報社的副刊發表。那是十來年前的事了，搬了幾次家，剪報早就遺失了，有一篇日記裡的情景卻讓我很難忘記。

在那個星期六的下午，Joshua和家人從外公的喪禮回家，Beth幾個月來因為兩個至親得了不治癌症而鬱積的雙重壓力，終於爆發，和丈夫因為小事大吵了起來。Joshua躲到自己房裡，開了音響聽音樂，他父親卻衝進房來，猛地把音樂關掉，罵他：「開那麼大聲，吵死了。」Joshua突然覺得很悲哀。他走出後門，在連著後院的林中百般無奈地閒逛。每次外公來，都會要他陪伴一起循著那條小徑散步。小徑盡處有一片草地，他躺在長滿小野菊的地上，仰望天空，心想此刻外公或許正在天上俯望著他呢？！於是，他在暖暖的陽光下睡著了⋯。

如果那年夏天，Joshua沒有在暑期營暈倒；如果那年夏天，Joshua沒有罹患骨癌，現在不知該是如何英姿挺拔的一個青年男子啊！

24
WEDNESDAY

August
原諒別人解脫自己

　　約了小鬼吃午餐，這回她難得地多話，說了很多我從來不知道的、她自己和她家人的事。我已往太自我了，在好友面前多半是說自己的事。近幾個月來上瑜珈課，經由與自己身體對話的鍛鍊而能逐漸沉澱心思、沉靜心靈；經由接受瑜伽與插花老師的教學，讓我學習著去做一個專心的聆聽者。也許因為我在不知不覺中釋出了這樣一種關注的心情，小鬼才打開了心窗，對我放懷而談。

　　由於談起小鬼大弟的病，牽扯出她父親大半生的風流史，也道盡了她母親一再寬恕與包容的美德。小鬼父親自稱心腸太軟，遇見週遭孱弱女子，憐惜之心油然而生終至情不自禁。除了為他生了兩個兒子、後來出走的那個女人，小鬼的父親桃花不斷，在三十幾年前小鬼婚後尚未出國之前，有一個與她同年齡的年輕女子，一直糾纏，她父親，明裡暗裡不斷騷擾她母親，小鬼忍無可忍，終於約了那女子見面，直截了當告訴那女子，她父親不可能離婚，她也絕對不能再容忍另一個女人住進家裡傷害她母親，她並且勸告那女子放棄這段沒有前途的不倫戀情，另外找個年齡條件恰當的男子交往。

　　「我爸爸不是個壞人，但是他不斷背叛我媽媽，即使他已去世多年，我談起來還是很介意，他不應該讓我媽媽承受那種委曲。」小鬼說。

小鬼的母親今年高齡九十幾歲了，雖然比年青時更見瘦削，身體依然很健朗；親生女兒絕大多數的時間遠居美國，身邊孝順奉養的是另個女人生的兒子；丈夫天性仁厚，倒也一直敬重她，與她白首偕老至死也沒離開；她寬宏大量，愛屋及烏，也應該算是得到福報了。

　　不知小鬼的母親是因為有寬厚的胸襟，可以一再原諒在感情上不斷背叛的丈夫，因而解脫了自己背袱的痛苦呢？抑或是看透、看穿了微塵人生，沒有什麼好計較的，不再執著於面前所見，所以能夠捨卻怨天尤人及自怨自憐的煩憂？顯而可見的是，她未曾讓負面情緒吞噬蠶食了她不盡完美的人生。

　　現代人的婚姻不易幸福或者是難以維繫，有很多複雜的原因，但是，感情的背叛往往仍然是最大的致命傷。而感情一旦變質，破鏡難圓、覆水難收，很難有人可以做到委曲求全，若不能兩人同心一致重新開始，還不如好聚好散各擇前程。

　　放下與原諒，受益最大的還是自己。受傷害的一方，若是沉淪在自覺被遺棄的痛苦深淵裡，就等於是拿別人的錯誤來懲罰自己，為什麼要扮演不甘心的受害者，讓懊惱、怨恨與嫉妒浪費人生呢？

　　跨出一步，也許，你正是打破了那個封鎖自己的囚牢；跨出一步，也許，你會發現外面原來有廣闊的自由空間，自此可以勇敢做你自己！

今天上瑜伽課,把上次在課堂茶宴時拿去插花的花器,及兩個劍山拿回家。星期二插花課時用的花枝放在洗臉盆裡已經兩天了。

這次學的是直立型東西兩點插的盆花。直立型的花材一般都是用一年生的植物。

「枝枒都還很稚嫩,長的很直,因為還沒有受到多少風雨的摧殘。用的花也大都是含苞未放的花蕾。」老師說。

「那麼,是表現一種孕育嗎?」我問。插花老師教了廿幾年插花課,一隻巧手可以三兩下讓學生插得很平凡的一盆花頓生姿韻;她誦經學佛也有十來年,生活簡樸,卻讓同學時常在與她的談話中感受到她的歡喜自在,也多少學習到一些佛法及人生哲理。

「表現一種生命的青澀吧!」老師說:「不像有時用的花材,經歷了累年累月的風吹雨打,枝條彎折、枝結盤糾;就像一個人,滄桑之後,生命力更強韌,有一種蒼勁。」

「就像一個女人,勇敢走過生活中種種的挫折與無奈,無怨無悔地付出,仍然用感恩的心,把經歷及愛與人分享;在度過人生的嚴冬酷寒之後,雖然面容寫盡風霜,卻有一種內蘊而恬

靜篤定的美。」

友人作家罹患三期末的卵巢癌，治療之後，堅強面對，重新出發，寫了一本書，書名《積極與淡定》。

「這『淡定』兩字用得好。」我對她說。

滄海桑田，千帆過盡；是一種遭遇了苦難之後，洗滌繁華身心淨空、不即不離遠看紅塵的沉穩安定吧！

有一句話，多少年來我都會寫在換新的日曆紀事本的第一頁。十八個字：「寵辱不驚，看花開花落；去留隨意，任雲捲雲舒。」，我年年寫。很嚮往那種閒雲野鶴，揮揮衣袖不帶走一片雲彩，稍稍帶著一絲冷漠的淡泊。

如今覺得，這「淡」字，多少有些無奈和失意。

不如那「恬」字。甘心承受，心中就有清靜地；悲憫施捨，胸中自有大懷抱。

有一次看花展，有兩組花甚得我心。一組名「無距」。分開卻是枝條相連的兩盆花，一盆較大，一盆較小；一盆引領，一盆相隨；一陽一陰，卻是各個獨立；自有恣意，卻是融洽相攜；沒有糾纏束縛，卻是恬然情愛相屬。

有一盆花，名「素心」。在一條淡青色的竹筒裡，綻放枝頭的一朵白花，花瓣輕若蝶翼，綠葉淨如晨霧；純潔、無憂、又平靜。

要怎樣才能有一顆恬靜的素心？彷彿晨曦輕拂，自在卻又內斂，無畏卻又溫柔。

　　一盆花，也能讓人盪漾出這樣的心情啊！

總算做到了清晨六時起床。

這兩日不知為何過敏鼻塞,一顆頭也成日隱隱脹疼,日間不是很有精力,晚上也睡不安穩。昨晚的瑜珈課是基礎瑜珈,比較偏重肌力的鍛鍊,體位的難度也較大,有點吃力,耐力也差了許多。

雖然早起但是筋骨有些僵硬酸痛,知道是無害的,卻仍然提不起勁來作呼吸運動。整理一下零亂了的客廳與廚房、擦了地,身體暖和發汗後就舒暢多了。倒是按時吃了早餐之後坐下來補寫了半篇手札。

準時去上上午十時的瑜珈課,瑜珈老師的教學,每天都有新的招數,使得瑜珈課很有趣味性和相當程度的挑戰性。做了許多膝蓋蹲下伸直的動作,發覺自己的膝蓋與腿力都有進步,後來,一些需要臂力或更大腿力支撐以及盤單腿另腿獨立蹲下的體位,我就沒法做了。

但是,我期許自己,一定可以逐漸去除障礙,真正從柔軟扭轉、開擴伸展肢軀,得到一種擺脫肉體束縛、心曠神怡的自由。

瑜珈(YOGA)一詞的意思就是身心合一。經由身體的伸展,瑜珈可以加速人體體內的新陳代謝,有排毒的效果;瑜珈

的一些體位動作，例如扭轉、前彎後屈、肩立、倒立等等，也有自我按摩幫助五臟六腑伸展的效果。瑜珈運用身體回應放鬆而生的自覺，解除體內累積的負面力量，解放身體的束縛，轉而產生正面的活力，其結果就是身心的平衡。

對於我來說，瑜珈的精神，也可以說任何一種、有一定困難度、需要堅持與毅力的運動之精神，就是在於藉由嚴格的肉體鍛鍊、因為極大的自律，而得到自我的身心解放。

最近也許是用腦太多、眼睛也因為長時間對著電腦螢幕看而疲累，頭才會脹痛吧！更不能不去上瑜珈課了。

運動可以促使血液流往腦部，提供必要的氧氣和血糖，促進腦部功能。經常運動可以增加身體的血量，而腦部會用掉體內血液之百分之廿五。即使只是走走路，半個鐘頭下來也能讓人身心神舒暢。

專注地做瑜珈運動，讓我塞車的腦子放空得到休息。

下午小睡了片刻。去診所看骨科醫師，他摸了一摸我的膝蓋，就說也許是脂肪瘤，但若是最近出現的更可能是水瘤，都無大礙，隔一段時間若不消失，再診斷是否需要割除。他並且讓我照了幾張膝蓋骨的X光，和我兩年前照的Ｘ光片相比較，發現左膝knee cap移位的情況反而有些改善，他還教了我一個簡單的、重複地伸直彎曲膝蓋的動作，要我逐漸達成每天分段做到三百下，並說假以時日，我仍然有可能可以做得到原先以為我的膝蓋不能承受、難度較高的瑜珈體位。

去除了雙重的疑慮，我身心輕鬆。決定今天下午放自己的假，隨興逛逛街，一路蹓躂回家。

　　近來很少看電視，化了許多時間閱讀及寫作。今晚，我安安逸逸地泡了個熱水澡，把我至今尚未能達到依循時間表作息的焦慮拋開，允許自己懶懶散散半躺在沙發上看電視。

　　啊！偶而縱容自己的感覺真好。

August
益腦止痛讓你安神好眠的食物

　　仍然六時起床。好耶！我的身體生理時鐘逐漸開始自覺，適應新的規律了。準時起床是作息時間表的第一要則。

　　一直懷疑自己不能多吃麵包，偶而在咖啡中加一小包有機巧克力粉，好像也常會引發胃部不適或是頭痛。今日醒來兩鬢太陽穴依然緊箍著隱隱作痛。猛然想起，大前天因為看見巷口麵包店重新裝修，十幾年的老店一付喜洋洋亮麗的新氣象，我忍不住進去買了一袋各色麵包；連著兩天在外午餐，又忍不住吃了那實在美味的乳酪甜點。

　　翻閱手頭數本有關健康飲食的書，果然，麵包及乳酪是我頭痛及難眠的罪魁禍首。

　　許多時常容易頭痛或者患有偏頭痛的人，可能像我一樣，沒有注意到食物常是誘發頭痛的主要原因之一。食物裡的化學物質「胳胺」（tyramines）會讓身體釋放腎上腺素和血清素，刺激血管收縮，使血流不順暢，然後再使血管擴張、發炎，引起頭痛。而晚餐及睡前吃了富含「胳胺」的食物，刺激腎上腺分泌，又會使大腦神經亢奮，難以入眠。

　　通常，巧克力及紅酒是首當其衝的罪魁禍首，其他要謹防的是乳製品、尤其是乳酪，和煙燻的肉類魚類；加工的肉品如香腸、火腿、熱狗、培根，會添加「硝酸鹽」或「亞硝酸鹽」

來防腐、增色，而這兩種化學物質已被證實會誘發類似血管跳動的脈痛，尤其是太陽穴的部位會感到特別脈痛；加酵母的食物如麵包蛋糕等、還有超量的堅果，都可能是造成頭痛的兇手；如果每每吃了這些食物之後，頭痛就會發作，那麼就應該對自己行行好，別再吃它了。

咖啡因對於那些每天飲用大量咖啡提神的「咖啡因依賴徵候群」來說，一旦缺乏咖啡，就會有彷彿初試戒毒、但情況輕微許多的withdrawn symptom，會出現頭痛、疲倦、沮喪等狀裏。醫生會建議長期患有頭痛或偏頭痛的咖啡嗜飲者，逐次漸少咖啡飲用的杯數，直至完全不喝。但是，咖啡因的成分，和人體中一種傳達疼痛訊息的化學物質相似，可以取代這種化學物質，使細胞接受不到疼痛的訊息，而減少疼痛感。事實上，阿司匹靈等止痛藥中，多少都有添加一點咖啡因，來加強止痛效果的。

時常，身體會有輕微的發炎情況，卻並沒有明顯的症狀，但是長期累積下來，會變成慢性發炎，攻擊身體組織如關節或大腦，引起病痛；發炎也可能是心臟病、中風、癌症及糖尿病的潛在原因。

對症下藥，深海魚中的Omega3具有抑制發炎的效果，用來治療關節炎可以緩解疼痛；有實歷報導，服用魚油六星期，有60%偏頭痛患者發作的次數減低一半，疼痛的程度也減輕許多。要注意的是，在許多加工食品中，所加添的的玉米油、葵花子油等植物性油等所含的Omega6脂肪酸往往偏高，反而會加重發炎反應。

富含強力抗氧物的藍莓及草莓、櫻桃等，卻可以加強人體的修復能力而減少發炎引起的病痛。止吐抗噁又可幫助消化、驅除風寒、預防感冒的薑，含有多種抗氧化物，在舒緩疼痛及輔助治療關節炎上，有顯著的效果。

辣椒中的辣椒素，可以阻止神經傳導「P」物質將疼痛訊息傳到中樞神經，因此，辣椒膏劑常被用作外貼的方式，來控制頭痛、神經痛、關節炎等疼痛。辣椒含有的「柳酸鹽」又正是天然阿斯匹靈的成分，許多水果如櫻桃、蘋果、橘子、柿子、鳳梨等也含有「柳酸鹽」。

其實，若一週能食用二至四次不同種類的深海魚，平時烹調使用橄欖油、亞麻仁籽油、適量吃些核桃、堅持蔬果五七九、勿忘豆類全穀類，秋冬時用些咖哩（所含鬱金有抗氧化作用，可抑制腫瘤生長及大腦發炎）、薑與辣椒調味，如此調整飲食，假以時日，頭痛就不會再日夜追隨左右啦！

益腦安神讓你好眠的食物

失眠和偏頭痛可說是現世代人並駕其驅的時尚文明病，日新月異、快速激變、競爭猛烈的現實世界，使人經常承受很大的壓力、時時處於神經緊張的狀態中。運動健身、閱讀、培養自信、保持正面情緒與樂觀的心態，可以在精神層次幫助人排除壓力，調整飲食也可以助你益腦安神吃出好睡眠。

胺基酸中的「色胺酸」，是大腦製造血清素的原料，血清素這種神經傳導物質能讓人放鬆、心情愉悅、減緩神經活動而引發睡意，憂鬱症患者的血液裡，血清素通常含量都較低，解憂藥中就少不了色胺酸。

「色胺酸」與高蛋白質的魚、肉、蛋、奶類富含的「酪胺酸」常是對立的競賽者，酪胺酸有使人冷靜警覺的作用。所以，早餐及午餐吃高蛋白質食物，可以讓你精神抖擻；晚餐則宜先食用高碳水化合物、後吃蛋白質，讓色胺酸助你入眠。牛奶、乳酪、堅果、香蕉及水果都富有色胺酸，所以，一根香蕉、一小把堅果，可以助你排遣煩躁的情緒、讓你心神安寧；晚餐時適量的攝取低脂蛋白質，睡前半小時喝杯熱牛奶也都有助你入眠。

十四種超優食物裡黃豆、鮭魚、菠菜、莓類、青花椰菜、全穀類、柳橙類、核桃杏仁、南瓜、菇類及大蒜，不是富含Omega3脂肪酸、就是有豐富的維生素B群，具有安神解憂的功效；如果缺乏菠菜及青花椰菜類的葉酸，會使人無法入眠、容易健忘焦慮、導致憂鬱症；柳橙類及蔬果中的維生素C，是製造正腎上腺素時的重要成分，血清素讓人有滿足感，正腎上腺素則會使人覺得幸福；莓類及櫻挑含有的花青素可以降低疲勞，所含的柳酸鹽也是防炎止痛的天然阿斯匹靈；這些超優食物除了防癌抗癌、減低罹患心血管疾病的機率，還可以益腦安神助你解憂。

千萬別忘了香蕉這個神奇食物，它低熱量，含有大量的鈉、鈣與鎂，可以修補耗竭的神經系統，又含有促進睡眠的色

胺酸，及生物鹼，是天然的抗壓助眠食物。

當然還有生胡蘿蔔，它可以說是最佳的全面性治療食物，鹼化、清滌、補養並刺激身體的幾乎每一個系統，可以清除體內通常引起過度緊張的過量酸素。胡蘿蔔、甜菜與黃瓜打汁，是強力鹼化的綜合飲料，也供給了有機礦物質營養素與活性酵素而強化神經系統，有減壓及消除疲勞的功效，還可以促進清除血液與腎臟內的尿酸。

YOU ARE WHAT YOU EAT！調整飲食概念，改變飲食習慣，好的食物不只是有益身體健康，也是精神的靈糧啊！

看了半場電視播放的電影，講一個因受傷而半身不遂的男孩和他的父母如何適應突如其來的困境，很感人。

頭依然隱隱脹脹痛。仍打起精神把幾日來換洗的衣物洗了，幾件超薄快乾的運動衣衫褲，只是些汗水灰塵，泡泡冷洗精，揉兩揉就行了，只是得過好幾道水才洗清。手指與手腕的力道真的因此增加了許多，決定九月開始讓衣物回歸洗衣機，不必再做這苦差事了。

雖然頭和眼睛都隱隱作脹，仍然寫了三千字，還算差強人意。做了半小時的甩手功、另半小時的大圓呼吸運動和天行大呼吸運動，算是一步一腳印逐漸走近目標。

我期待，明日將會是更規律的一天。

28
SUNDAY

阿娘的菜

　　昨晚竟然夢見往生近三十年的阿娘，阿娘是我的外婆，寧波人都這麼稱呼的。這麼多年來，只夢到過她老人家三兩次而己吧！都不記得夢境了，依稀只憶起，有一次，阿娘來入夢，Laura那時要前去尼泊爾喜瑪拉雅山脈登峰，正在台北探望我，我請阿娘保佑我這個小冒險家女兒一路平安，醒來就把阿娘那一串一百零八顆菩提子的念珠給了Laura。那串念珠是我基督教世家的爸爸買給阿娘的，據說很稀有，因為是最貼近阿娘的遺物，阿姨視之為珍寶，我來台灣時卻給了我，我給Laura也算是傳承。

　　阿娘的虔誠擺在心裡，平日也不見她到處燒香拜佛、頌經說法，就這念珠，只要她空閒下來抽根煙後，坐著就會拿在手裡素面靜心地默禱，無日間斷，不知摩娑著持了幾百萬遍觀世音佛號。Laura有了這串念珠，在我心裡覺得她好比有了護身符，讓我放心不少。

　　阿娘是個嚴肅的人，鄰居和家裡友人常愛在面前背後稱她一張臉好比慈禧太后，卻都敬她端莊自重；她除了偶而打打小牌，從不喜歡串門子道長短，倒是常被三姑六婆抬舉出來評是非解糾紛。

　　現在回想，還真的很少看到她的笑顏，也不記得和她真正談過什麼話，但是除了偶而被她申斥一兩聲：「你這個小鬼

（上海口音唸做：儂格兒小居）……」，她倒也不怎麼管教我。有一段時間曾經不瞭解阿娘其實有點冷漠的個性，後來就能體諒，她擔憂掛念在大陸數十年不見的大女兒，又著急心疼拖著老母外甥女的小女兒，她這一顆左右牽扯母親的心大約少有一日是安寧的吧！

這回夢見阿娘在台南金鼎公寓的小廚房裡忙著。

日子好像回到我第一次從美國帶了兩歲的Eric及才八個月大的Laura回到台南，兩個重孫逗得阿娘難得地開心。那時，Eric還不怎麼會說話，驚人的觀察力卻仔細入微，他總是大清早最先醒來一人在客廳玩，但是，只要太婆房間一有動靜，他就趕緊跑去把太婆放在房裡小几上的假牙，從杯子裡撈出來湊到太婆嘴裡，而只要太婆在沙發椅上坐下來，他就忙不迭地拿菸遞火柴盒兒，常把阿娘逗得忍俊不住。Laura幼時長得好看又乖巧，阿娘更是：「妹郎！妹郎！」不時這樣疼愛地呼喚著。阿娘後來胃潰瘍嚴重不治，在家裡病臥床及住院時，床頭總是擱著那回Laura留下洗澡時玩的小橡皮娃娃，她需要召喚阿姨或看護時就捏捏會吱呀叫的橡皮娃娃；阿娘直到臨終還捏著這小娃娃不肯放手，阿姨就讓她帶著入土了。

阿娘到底是有極大愛心的呀！十歲出頭喪母，即使得到父親疼愛卻免不了要在繼母陰影下生活的她，四十二歲因為外公得了肺炎耽誤延醫病亡而守寡，習於隱藏內心感情除了是A型的典型性格外，多半也是環境造成的吧！

夢到阿娘，激起了埋藏許久的舊時回憶。阿娘做得一手好小菜（上海人稱家常菜餚為小菜，比如說：「儂今朝喔裡相燒

啥個小菜啊！——你今天家裡煮什麼菜啊！」），卻是我經常樂道的。也許是這一陣子都在寫食物的緣故吧！又也許是每天喝綠色的有機養生飲料及一盤盤牛吃草似的生菜沙拉吃多了，讓我十二萬分想念起阿娘做的可口小菜。

這夢裡阿娘做的蝦仁豆腐、雪裡紅黃魚粳、糖醋排骨、醃度鮮湯加上清炒芥菜和烤長缸豆，真是活色生香，教人饞涎欲滴，可嘆還沒吃著，夢就醒了。

正巧我媽打電話來，阿姨也在線上，聊著阿娘的舊年往事，我這才知道太外公當年做菸草生意之外還兼開飯店，在上海莊源大地區鄰里間也算是偌大一個殷商，出喪時一長條東熙華德道，路邊商家都一一排列在自家店門口拜祭。

我家阿娘大字不識，可敲得一手好算盤。家中開藥酒行、先在日本船公司做事的外公，後來自創華舫駁運公司，貨輪駁船二、三十條，阿娘平日裡除了和姊妹淘相約看紹興戲、打麻將、做衣訂鞋、指派家務之外足不出戶，外公公司的一本帳簿還真是捏在她手裡。

抗日戰爭早期，外公公司的貨輪駁船都被國民黨政府徵調去填江築堤，這家道陡然中落，外公氣急敗壞又得了肺炎，就此一病不起。外公過世後，因為胃痛陪著外公學上海商界時尚抽鴉片的阿娘，聽不得鄉親妯娌間的閒言閒語，狠下心來硬是把自己關在家中戒掉了煙毒，後來阿娘子宮有問題，到湖洲祖父熟識的教會醫院開刀，因為抽鴉片的後遺作用，麻藥上了兩次都還撂不倒她。

可在上海淪陷時期，戒嚴的晚間，我的阿娘梳著一絲不亂

的橫S巴巴頭、一襲素雅的絲綢旗袍、穿著繡花鞋、腋下夾著
鱷魚皮包，膽子夠壯，還敢夜深人靜之時，一人從竟夜燈火不
息的賭場出來，獨行在空盪無人的大街上，碰到日本兵，板著
一張太后臉，竟然安然無恙。

這樣的阿娘，想來是隨著阿姨到台灣來之後才學著煮飯做
菜的吧！她卻無一日不費盡心思，用不是很寬裕的買菜錢烹調
出極富盛譽的可口小菜。我最記得每年元宵，阿娘總會到台灣
省籍有石磨子的鄰居家，排隊等候磨糯米粉，然後把裝著濕漉
漉糯米粉的麵粉袋掛在晒衣服的竹竿上瀝乾；我彷彿依然可以
見到她拿著一塊跺著解放式的小腳走了幾條街來回、挑精揀肥
買回來最上好的豬板油，細心地剝筋去膜挑出白玉般的油脂，
然後揉入自己磨得極細的黑芝麻粉摻和細棉糖、搓成一個個滾
圓的丸子，放在一盒盒的便當盒裡，待每年必然聞風而至的客
人來了，再用揉到恰好、雪白細膩的糯米粉裹上芝麻丸子搓成
一粒粒皮薄餡豐的湯圓。至今，我沒吃過比阿娘做得更好吃的
寧波芝麻湯圓，只要吃過的人一定會舉雙手贊成，絕不是我誇
口。

阿娘炒的青菜也格外鮮嫩，除了火候、油鹽都恰到好處之
外，她捨得丟棄菜葉也是出了名的，其實，不管什麼菜，她都
只用菜心，外邊兩三層菜葉一定剝掉；而她做的蛋皮肉餃，更
是用一個小炭火爐子，坐在小竹凳上，慢慢細心地一個個雕花
似地做出來的。

阿姨隨著任職的空軍來台，初來幾年仍在空軍任職，薪金
不是很高，那年頭，台灣正值非常時期，民生不是很豐裕，許
多五字頭六字頭年紀的人，至今仍會津津樂道豬油醬油拌熱飯

的滋味。阿娘還真有本事,飯桌上總少不了三菜一湯的精緻小菜,我小時心底卻多少有些埋怨她,總是由著阿姨挑那最好的吃,吃魚總讓我吃魚尾巴,吃排骨老叫我吃帶軟骨的那幾塊,吃菠菜則每每對我說連著根的那一段最有營養,可那時,阿娘吃什麼呢?除了啃阿姨剔了鰓肉的魚頭、肉皮、菜梗子、就是肉湯菜湯泡飯,我真的不記得看過阿娘隨意挾食她費心做出來的那幾盤菜啊!

　　阿娘所做的美味小菜,一時裡道也不盡,只是,我直到現在才恍然大悟,她正是因為把所有對兩個女兒的愛心都灌注在這些阿姨每日享用的小菜裡,這些很普通的菜才會那般可口啊!

一周七日每日三道、
讓你安神益腦好心的美味食譜

　　許久沒有好好做菜了，忽然想認真做一些菜弄幾道食譜放在書裡，畢竟，不僅只是我太外公開過飯店，我也曾被Eric的爸爸逼著鴨子趕上架，在耶魯大學所在地New Heaven隔鄰的West Heaven 開過一家餐廳，在「西天」開餐廳，這地名就是個惡兆，果不然，前後不到一年工夫，箇中情節還真夠錯綜複雜，可以寫一本書。但是，我現在除了覺得這事荒謬好笑之外，對於自己的能力還是加了分數的，那家小餐廳到後來遠近馳名，吸引不少周遭一帶富貴人家的顧客，門口停車場經常停滿了價值菲薄的古董車，卻是內賊引外盜仍然賠錢，餐廳最終在我堅持下關門停業。

　　雖然那次經驗讓我初次識得人心可以欺瞞、矇騙、險惡並且偷盜到無所不用其極，面對惡劣的困境，我卻並沒有任人擺佈，更也許正因此讓我在多年之後單槍匹馬投入商場知道保護自己。而且，我不但學會調配一手好酒（當然，現在全忘了），還自此開始懂得品味佳餚。

一周食譜

星期一

三菇豆腐皮

材料：有機豆腐皮一盒（四人份取半盒）、秀珍菇、生鮮香菇、
　　　木耳

作料：鮮菇醬油、米淋、純葡萄籽油

作法：將豆腐皮以些許淨水浸泡後瀝乾，洗淨三菇。電鍋底鍋
　　　放適量純葡萄籽油，不需待熱即可將三菇放入，蓋上鍋
　　　蓋，待菇類稍軟後放入豆腐皮，加入調味料蓋鍋悶煮三
　　　分鐘即成。

五色鮮蔬沙拉

材料：有機紅黃甜椒、有機包心菜、有機紫色包心菜、有機大
　　　葡萄乾

作料：紅酒醋、亞麻仁籽油、健康低鈉鹽

作法：將各色蔬菜洗淨、瀝乾、切絲，鋪陳盤中，灑上葡萄
　　　乾。酌量調好作料，拌入沙拉即成。

蝦球甜豆

材料：鮮草蝦、甜豆

作料：純葡萄籽油、米酒、健康低鈉鹽

作法：將草蝦剝殼剔除沙筋，對剖蝦身至一半，甜豆除筋。油
　　　適量倒入鍋內，蝦仁炒好後加入米酒，待蝦仁蜷曲半
　　　熟，取出蝦球及湯汁，再倒入適量油，炒甜豆至半熟，
　　　倒入蝦仁、湯汁，加鹽調味，炒熟。

星期二

南瓜核桃濃湯

材料： 中或小南瓜一個、核桃一把

作料：健康低鈉鹽

作法：將南瓜切成四塊蒸熟，取出瓜肉。核桃烤至淡金棕色，將南瓜及核桃加適量熱水放入果汁機中打至濃稠狀。

菠菜雞肉菇丸

材料：雞胸脯肉或鯛魚肉一包（三片）、秀珍菇一包、有機豆腐半塊（若雞肉量少，則豆腐量亦減少）、藕粉二湯匙

作料：鮮菇醬油一湯匙、健康低鈉鹽、純葡萄籽油

作法：先將豆腐放置一旁瀝乾水分，剁碎雞肉及秀珍菇，加入

已瀝乾豆腐置入大碗中，用醬油及油調勻藕粉，以筷或匙順時鐘攪拌肉泥至黏稠狀。再挖出二湯匙量之肉泥揉成丸子，放入電鍋蒸熟，菠菜清炒後盛於盤中，將肉丸置於菜上。

星期三

蕃茄黃瓜沙拉

材料：有機蕃茄及黃瓜

作料：有機大蒜、紅酒醋、橄欖油、蜂蜜、健康低鈉鹽

作法：將番茄、黃瓜洗淨，蕃茄切塊，黃瓜切段再分切四段，
　　　搗碎大蒜，拌入其他作料調味，最後拌入番茄、黃瓜，
　　　浸醃數分鐘。

鮮菇豆腐粉絲湯

材料：秀珍菇、金針菇、包頭菇、木耳等菇類；有機豆腐一
　　　塊、粉絲一包

作料：鮮菇醬油、鹽、油一小
　　　匙

作法：將菇類放入鍋
　　　中，加油稍炒，加
　　　入淨水及豆腐，加
　　　入用熱水浸泡好的
　　　粉絲即成。

海鮮山藥五穀飯

材料：鮭魚、蛤蠣、洋蔥、山藥五穀米

作料：芥茉醬（內涵卵麟脂及β胡蘿蔔素）、米淋、鮮美露海鮮
　　　醬油、純葡萄籽油、健康低鈉鹽

作法：蛤蠣洗淨，用滾水燙至開殼，隨即撈出，剔出蛤蠣肉。
　　　鮭魚、洋蔥切丁，將油倒入鍋內，順序炒洋蔥、鮭魚
　　　丁，再加入半熟之五穀米，最後拌入芥茉醬。

星期四

中國花藝老師張月理的私房菜

張老師的話：人生多起伏波折，所以要修煉「身如石堅，心如
華」的工夫與涵養；「身如石堅」就可以不懼外來的困難打
擊；「心如華」就可以讓心靈柔美祥和。

時蔬

材料：青椒、甜椒、茭
白筍、胡蘿蔔等蔬菜、
油、醬油、鴨耕米

作法：蔬菜洗好後放到
　　　平底鍋，蓋上蓋
　　　子燜熟。關火
　　　後，加入油、醬
　　　油。

麻油麵線

材料：洋菇、苟杞、豆
皮、薑、麻油、麵線

作法：麵線以開水煮熟
拿起瀝乾。洋菇
等材料放入開水
或高湯，加入麻
油煮開即成。冬
天吃很好。

星期五

瑜珈老師洪光明的私房菜

洪老師的話：瑜珈可以沉澱我有時不寧如潮水的心靈，使我安靜下來，看見自己的短處，因而更能包容別人。

能量雪蓮子冰泡麵

材料：能量雪蓮子泡麵、蕃茄、新鮮百合、山葵、白芝麻

醬料：原味辣椒、涼麵醬、純白芝麻油、亞麻仁籽油、有機低鈉醬油

作法：將麵條用淨水浸泡四十五分鐘後，撈起瀝乾，蕃茄、山葵切丁，加入百合，用少許葡萄籽油炒熟，冷卻後連同醬料拌入麵中。

養生湯

材料：有機紅蘿蔔、薑、紅棗、香菇、海帶、銀杏

作法：將海帶川燙去腥味，紅蘿蔔切成小段，薑切片，全部倒入
鍋內加水煮沸，改用小火燉煮至紅蘿蔔熟軟。

海帶拌芝麻

材料：海帶芽、芝麻籽、有機薑

醬料：有機醬油、芝麻
油、亞麻仁籽油

作法：鍋中放水及薑片煮
沸後，倒入海帶芽燙過撈
起，冰鎮過後瀝乾後拌入
作料。

星期六

書法老師謝小曼的私房菜

謝小曼的話：我很慶幸自己因為興趣而學習的書法及烹飪，今日可以讓我在經濟上獨立自主。

糙米炒飯

材料：芝麻、香菜、糙米、魩仔魚

作法：米飯用糙米。先炒魩仔魚，放入糙米飯炒好，最後再加入芝麻和香菜。

涼拌時蔬

材料：紫蘇、甜椒、豬肉片、秋葵、蕃茄、豆皮

醬料：昆布茶、檸檬、蜂蜜

作法：將材料都燙過以後，以醬料涼拌。

蛋花湯

材料：雞蛋、蔥、高湯、茗荷

作法：將茗荷切成末放入蛋花湯。

小麵餅

材料：香菜、蒜頭、辣椒、鯛魚、柿子椒

沾醬材料：檸檬汁、魚露、辣椒、蒜

作法：將材料全部打在一起，弄成小餅，小火煎好。

星期日

義大利餐廳La Giara老闆Salvatore Genco先生的私房菜

Salvatore Genco先生的話：自信與快樂讓我生氣勃勃，成功與金錢卻不一定帶來快樂；能夠伸出援手幫助別人，讓我覺得自己有用，因而特別感到快樂。

聖彼得魚排

材料：聖彼得魚排（或用其他無刺魚排）、小櫻桃番茄、Basel

醬料：橄欖油少許、鹽少許

作法：將魚排放在炙烤架上烤至兩面淡金黃色，剁碎小櫻桃番茄用油炒熟，鋪於盤底，將魚排盛到盤中，灑上Basel菜或九層塔。

蘆筍義大利麵

材料：蘆筍、蕃茄乾、洋菇、起士、寬麵

醬料：橄欖油、胡椒、辣椒乾、低鈉鹽

作法：乾麵條煮熟撈起瀝乾，蘆筍切斷、蕃茄乾及洋菇切片，橄欖油稍微加熱後，炒熟蘆筍及洋菇，加入蕃茄乾及作料。將麵倒入鍋中拌炒即可。

菠菜沙拉

材料：葉美的菠菜、紅蘿蔔、洋蔥、薑

醬料：白醋、芝麻油、橄欖油、鹽少許、蜂蜜酌量

作法：菠菜葉洗淨瀝乾，紅蘿蔔削皮、刨成細絲，洋蔥及薑切丁剁碎，與其他調味料放入果汁機打勻。將菠菜葉放入盤中，飾以紅蘿蔔絲後均勻倒上調勻的作料。

◎感謝義大利餐廳La Giara協助拍攝

後記

　　其實，我一直不認為烹飪是一件難事，只要食材質佳而新鮮、火候調味稍加拿捏，就能可口。Laura在大學畢業之前連生肉都沒有碰過，卻能調理出美味的沙拉及Pasta，她喜歡看食譜一五一十依樣畫葫蘆，覺得只要有時間，料理一餐很容易；又因為職業性質，常有機會在高「貴」的知名餐廳享用美食，久而久之，這味蕾變得很靈敏，吃得多了，自己做菜即便照著食譜也可以變換替代多了創意。

　　我則向來崇尚自由創作，做菜老實說沒有一次規規矩矩看食譜，也從來不用量匙，其實，慣於做菜的人，鹹淡酸辣全憑喜好習慣，也都自己有數。這一周七日每日三道共廿一道菜，食材都有益身心神智，其中我做了九道，全是即興之想，尤其一道海鮮五穀飯，原先是打算用白米做咖哩飯的，試驗時缺了咖哩粉，用上芥末醬，結果風味絕佳，後來改用山藥五穀米更是不同凡響，可見無論做什麼事，留點想像空間，很可能會有超乎意料之外的驚喜。

　　也要謝謝張月理老師、洪光明老師、謝小曼老師及Salvatore Genco先生，在此分享他們的拿手佳餚。

August

這一天過得真好

小鬼來了，同學大家約了聚餐。原本只打算吃了中飯就走的，結果，還是和她們一夥十人去了淡水和八里。

在來來飯店吃了午餐後，先是坐捷運到淡水。我坐捷運好比劉姥姥進大觀園，覺得新鮮又覺得好。巴黎倫敦的地鐵比著都太老舊，紐約的地鐵就更不用提了，又髒又亂又擠又不安全，只有香港有得比。走出淡水捷運站，沿著河岸一排商店餐飲店，竟然也都乾淨可喜。

坐渡輪過淡水河，這還是頭一遭。清涼的微風拂面，也拂走了這初秋依然悶熱的汗意。我望著這三三兩兩興緻勃勃嘻哈閒聊的婦人們，當年一個個留著清湯掛麵短髮白衣黑裙的模樣，彷彿就在眼前。初秋下午的陽光在黃澄澄的河水上晃晃亮，渡輪懶洋洋地搖晃著，舒適地讓人覺得篤定又安祥。

曾經同學六年，從初一到高三。這些同學中，有四個是讓我分享便當與家庭溫暖，在我青澀成長的歲月裡，使我不覺孤單伴我有如姊妹始終（這二字要用台語講）的死黨。她們都成為端正的婦人，不但有很好的歸宿為人賢妻良母，也都在各自專業的領域裡成就自己，而自始至終對我的喜愛與期許從來不變，我之所以成為我，有一部份也正因為我的生命中，曾經有她們還有我其他的死黨與我同渡啊！

渡過淡水河，到了八里。沿河有延伸一直到出海口的木架步道，河灘邊泊著一艘艘小木舟；年輕的母親們帶著孩子在玩泥沙；，老夫妻和青年男女手牽手悠閒地散著步；一群中學生模樣穿著便服的大孩子，騎著租來的腳踏車，一邊忙著躲閃行人一邊嘻笑著呼嘯而過；一暈紅日映照在設計新穎的左岸咖啡館的 A 型大玻璃窗上……．．

「這是河還是海啊？！」我的死黨之一問我。她得照顧一星期洗三次腎的丈夫，難得出來輕鬆一天，一直笑得好開懷。

「淡水河不是嗎？」我說，坐在步道邊緣的木板凳上，覺得很安慰，原來台灣還是有好地方。

「這是河與海交接的匯流，所以會有潮汐。」一個背著相機與背包在旁路過的男人說，看來是個關心環保生態的人。背包上有著ECOLOGY等的字樣。

「謝謝你的指點。」我的同學笑著對那男人說。

我想起來我剛回台灣時，她都不參加同學聚會，大家都知道她先生有外遇，是個做股票經紀很幹練的女人。她在知名大醫院裡都做到護理主任了，還老被她丈夫奚落沒有能力什麼都做不好，連對醫科沒有興趣的兒子沒考上醫學院都怪罪於她。

後來她來參加聚會了，每次都說好寂寞，和她丈夫一個住樓上一個住樓下，幾乎完全沒有互動，一星期連話都說不上幾句。

「我好想交個男朋友，談個戀愛什麼的，有時我覺得自己好

寂寞、好孤單都快發瘋了！」

「可是我不敢。」她每次都這麼說，慢慢的也就不說了。

「妳這樣照顧他，他appreciate妳嗎？」我問她。她丈夫是牙醫，當年追求讀護理系的她時追得可帶勁兒。他替我拔過牙齒，言談之中真的對她不是太尊重。

「他從來都不說什麼。」她說。

「很累人的，照顧一個洗腎的病人。」另一個同學說。

「還好啦！我把它當作我的天職，就好像照顧我的病人一樣。」

「對他好一點吧！」我說。

「我也覺得我可以又對他再好一點的。」她說。我從未見她如此溫柔。一向被忽視的她，忽然感覺到自己是丈夫最需要的人，多少填補了她積壓多年的空虛吧！

「對他多好一點，妳自己可以得到安慰。」我這麼說。

「是哦！」她望著河水沉思，臉上的線條很柔和。

看著她十年前就已經全白了的頭髮，我的心都揪了起來。唉！多情總被無情傷啊！

晚上渡河回到淡水，在紅毛城邊的一家庭園景觀餐廳吃晚飯。這兒原來是三十年代英國大使官邸，雖然物是人非，卻是

古樹蔽天,風景依然怡人。夜色朦朧中萬家燈火閃爍,觀音山的廓影隱隱約約,淡水河的水波粼粼瀲瀲;戶外園裡時而飄來迷迭香、薰衣草和紫蘇、薄荷的清香,浪漫極了。

這一天過得真好。

30

TUESDAY

August
敬虔與知足的心

　　一整天過得很充實，早起寫作。上完插花課回到家已經五點多了。

　　覺得有點累。打開電視全是強力颱風泰利的消息，氣象預報台北會有十四級風力，花蓮宜蘭十七級，雖然只有美國紐奧良那一帶猖獗的**Katrina**颱風的三分之一強度，卻不知又有多少人家要遭受狂風暴雨、土石流及海水倒流肆虐之患，因而家破人亡？

　　Katrina颱風，侵襲紐奧良市及密西西比州、北卡洛利那州一帶，所向披靡，一區區的房屋夷為平地，舉目望去滿目瘡痍，盡是打爛搗碎的瓦礫殘木，再過一兩天，據說這個低於海平線的城市即將成為一片水域。紐奧良市全城撤離到各地難民營，公路上汽車接踵綿延數十里，無奈與惶恐顯現在人們焦慮的面孔上，這百年來僅見的天災，不知讓多少人在旦夕之間失去了一切啊！

　　上回印尼大海嘯，一個時常仗義直言、慈悲心腸的朋友發出一封e-mail說：一個大海嘯，幾十萬人就此與世永別，多少人永遠不再有機會對家人說話；而我們有很多人還在抱怨親人不夠體貼，或是今日所有的問題，都源自於家庭沒有溫暖。我們其實沒有抱怨的權利，只有感謝尚能好好活下去的恩典。

想到我曾經為了失去錢財感到痛心，為了事不如意覺得委屈；遇到一些挫折就整日憂愁沮喪，遭逢一次失敗就迷茫不知所措；真是不知惜福啊！

　　曾經有一段時間，我的情緒很低落，那年冬季耶誕節，去舊金山與孩子相聚，難得有機會與表妹灣灣長談，她對我說：「我在醫院做義工，每次看到醫院裡那些得了重症的病人，我都為他們祈禱，希望神能夠憐憫他們，減輕他們承受的病痛。在祈禱中，我也更知道要感謝神，原來祂賜給我太多的恩典。」

　　「聖經裡有句話說：敬虔加上知足的心便是大利了。妳多想想那些遭遇突變苦難的人，他們真的彷彿生活在水深火熱之中一樣，比較起來，妳就會感謝自己得到的恩典實在又大又多。」

　　灣灣是個虔誠的基督徒，她結婚十七年內，尋遍婦產科的名醫，試盡辦法，卻一直無法懷孕，後來就放棄了不再嘗試。十二年前，有一次因為教學，去了韓國，她就近去一座韓國極有名的祈禱山祈禱，請求神若不能賜給她一個孩子，就讓她可以從事一個能夠助人的事業。那時，她隨著被美國公司指派到中國大陸做總經理的丈夫住在北京，回北京未及一個月，她停了幾年的經期竟然來了。過了一個月，她丈夫也恰巧因公出差到韓國，也去了祈禱山祈禱。再過一個月，她竟然懷孕了，後來生了個兒子。灣灣時年四十三歲，她丈夫姓洪，他們就將兒子取名為恩，用「洪恩」這個名字來感謝神賜給他們的洪大恩典。

　　我有一對朋友寶年夫婦，三十五前在美國紐澤西州相識，夫婦倆和我一樣也都屬馬，廿六、七歲年紀。寶年的先生在紐

約市上班，是個剛出道的建築師，她則在讀營養學的博士學位。他們的大女兒Bertha那時才兩歲，夫婦倆公私都非常忙碌，卻仍然騰出許多時間，帶領校園裡的查經班，並且熱心幫助當地中國留學生們解決各種問題，她家也常是附近一帶中國家庭或中國學生聚會的中心。因為查經班在不同人家的各種聚會，小Bertha的週末午睡及夜覺，經常是在別人家的地毯上或沙發上打發，直到瞌睡朦朧中被抱上車回家。

我搬到紐約州之後，與他們極少來往，後來聽說他們要搬回台灣了，還接受了他們家的名家仿製傢俱。搬回台灣後再重逢，他們已是各自專業領域裡的佼佼者，但是，他倆都很謙虛，表示一切都要感謝神的恩典。

那時，他們買了仁愛路巷內比鄰的兩棟三層樓透天厝，一棟做住宅，一棟做建築事務所辦公樓，寶年則通勤到基隆教書。那兩棟房子地段好，買的時候也巧，當年就已經增值頗多。寶年直說：「我們運氣好，正好有個機會就買下來了。而且，有一年，事務所的那一棟樓大整修，把屋樑換成鋼骨架，剛完工就發生大地震，若是地震提前發生，還沒換裝好鋼骨架，房子大約就垮了。這都是仰賴神的保佑！」

一晃眼，十三、四年過去，寶年是她專業領域的權威學者，她先生的建築公司已是台灣之最，他的建築事務所辦公樓也從一棟擴張成為四棟，但是，他們依舊虛懷若谷，沒有一絲驕縱自滿，對於自年輕時就加入的老教會，奉獻心力精力財力與時間，兩人每日忙碌非凡，卻從來不吝於關懷幫助別人。

而寶年的無名指上戴著的，依然是當年先生買給她的那隻

只有三分大的小鑽戒。

近兩年來，當我迷惘消沉的時候，寶年常會適時地打個電話來，約我去教堂做禮拜，之後吃個午飯聊一聊。她的忙碌不只是一般，對我這樣的關懷，讓我覺得很溫馨，也給與我很大的安慰與激勵。雖然我至今仍違逆了她的好意，沒有成為一個基督徒，我卻常會翻閱她給我的一本橘色封面小本子的聖經，把裡面的警句當作言行的準繩。

今天，想到灣灣說的話，翻出小橘本聖經裡面的記載：

提摩太前書第六章第六節至第十一節：「然而，敬虔加上知足的心便是大利了；因為我們沒有帶甚麼到世上來，也不能帶甚麼去。只要有衣有食，就當知足。但那些想要發財的人，就陷在迷惑、落在網羅和許多無知有害的私慾裏，叫人沉在敗壞和滅己中。貪財是萬惡之根。有人貪戀錢財，就被引誘離了真道，用許多愁苦把自己刺透了。但你這屬神的人要逃避這些事，追求公義、敬虔、信心、愛心、忍耐、溫柔，你要為真道打那美好的仗，持定永生。」

寶年夫婦倆，裡外如一，追求公義、敬虔、信心、愛心、忍耐、溫柔；數十年如一日，不忘為真理（道）打那美好的仗。敬虔加上知足的心便是大利，就像有一天我對她說的一樣：真高興看到好人也有好報。

十五年前在大陸剛接觸到特異功能，回美國給Eric頭頂灌氣發功的時候，他閉著眼問我：「為什麼我會覺得，有一股熱

流從頭頂延著脊椎，一直往下灌呢？」後來，他又說：「我的身體一直要往後free fall！」Eric那時已近一百九十公分高，往後倒可不是好玩的，我就要他背靠著牆壁，他又變成往前傾倒，稍加控制後，他開始以一腳為軸，另一腳伸出原地繞走。滿足了好奇心之後，他覺得這事實在有夠weird，以後不會再試了。但是，他說：「這顯然不是魔術。如果宇宙間果真有神明與鬼怪、或是什麼super power，那麼，我最好不要做什麼壞事！」

我有緣接觸到特異功能，讓我看到、也在我身上發生了一些很玄妙的事。就以對Eric發功來說吧！他單腳為軸原地繞走的狀況，和Laura一模一樣，僅此最小的一椿case，我至今還弄不明白其所以然、也不知那樣的動作意謂著什麼別的意義，其他的事不用提就更奇怪了。

我初時對特異功能很好奇，覺得好玩，雖然莫名其妙但又感到自己本事很大。後來，一位朋友警告我：「妳就像連汽車為什麼會發動都不懂、剎車都沒學會就去開車的人，萬一剎不住車，怎麼辦？」又因為接觸到的所謂大師們，後來多有變得好大喜功、貪色斂財的，我就避之唯恐不急、也幸好全身而退。

有一次，一個自初中畢業後就沒見過面的老同學，從美國回來，意外地連絡上我。她是中華民國歷史上赫赫有名的名將之女，當年住的房子前後有三進樓房，後來成了市長官邸。有一年，她過生日請同學去玩，偌大的餐廳裡，四個屋角站著四個白衣、白褲還戴著白手套的僕人侍候著，即便是我杭州祖父的家居，是進了大鐵門、夾道有一排法國梧桐、庭園極大的法

式洋樓，見了這排場，也和其他幾個才初一的小土蛋一樣，給嚇壞了。

當年嬌滴滴的富貴女，即使初三時只有十五、六歲年紀，就已出落得婷婷玉立，如今，經歷了一次失敗的婚姻，家境也不再富貴，卻是做了基督徒，在教會裡遇見好姻緣。再見她，脂粉不施，雖然不復嬌柔，氣質文雅之外，有一份篤定。與她見了幾次面聊得很開心，她也聽我說了有關特異功能的事。她在台灣的幾個星期，每個週六，都會邀我去參加她小姑家的查經聚會。她為了教會的事從台灣轉赴關島之後，她小姑的丈夫還一再打電話給我，邀我去做禮拜，有兩次還對我說，他們教會的牧師有治病驅鬼逐魔的能力。我心想真的有像電影裡一樣的驅鬼的《大法師》呢！事隔許久，有一天突然想到，他們大約認為我的所謂有特異功能，恐怕是被什麼惡靈纏身了。

雖然直到今天，我的感覺依然十分靈敏，因為無法釋疑，我已有近十年不再觸碰特異功能。不管別人怎麼看，對於我來說，這是個很特殊的經驗。它讓我知道人外有人天外有天，因此明白自己的渺小；也讓我知道世間有太多未被測知的possibilities，因之能夠在沮喪失志的時候，重拾希望與信心；更重要的是，它讓我雖然沒有信仰，卻知道敬虔，不敢為非作歹。

31

WEDNEDAY

August

GIVE ME A BREAK！

　　有時候仍然會無緣由地突然情緒低落、心意懶散起來。憂煩與不耐，彷彿窩藏在身體這個居所最幽暗一隅的一隻黑獸，不時閃爍和窺視的眼，伺機陡然躍出，肆意騷擾。

　　我在屋中焦躁地踱來踱去，感到很煩悶，終於，想到一個辦法，把音響開到極限，然後，大聲吼叫：GIVE ME A BREAK！GIVE ME A BREAK！GIVE ME A BREAK！

　　之後，在淒柔的二胡樂音中，我放鬆自己、伸展舞動肢體，慢慢讓心情恢復寧靜。

01

September

《揮灑烈愛》

　　幾天都沒動筆。就像有時電腦一下子收到太多input會freeze，我的文思這幾天幾乎完全停格。

　　腦子的活動不靈光，身體的活動就不能再讓它停格。分三段時間做了骨科醫師教我的伸腿直膝運動，左右二腿各做了三百下，挺輕鬆的。因為颱風今天停課又停班，瑜珈課一樣也取消了，所以又做了一小時的甩手功，並且隨意伸展了一下四肢與腰背。給冰箱除了霜之外，還做了許多其他的家事。這才定下心來，寫了半篇手札。

　　直到今天也未能踏上正軌依照時間表作息，只有難得的三兩天把當日的手札寫好，其餘的都是回頭補寫，雖然多半摘記下了那瞬間的乍現靈光，到補寫的時候，即使沒有忘光，也無法像當時那樣文思泉湧。

　　不知是什麼原因文思暫時短路，勉強不得，只能輕鬆以待。這幾天電視台排了很多好電影，索性看電影。

　　昨天下午開始狂風暴雨，幸好預報有十四至十七級的強度颱風，吹到中央山脈被擋，減速變為中度颱風。即便如是，今天依然動輒風雨撼天動地，窩在沙發裡看電視，再好不過。

　　再看《FRIDA》（芙蕾妲），覺得片名轉譯為《揮灑烈愛》倒也頗貼切地畫龍點睛出這個身體殘障的墨西哥女畫家對生

命、對愛情、對藝術理想的狂熱與付出。

　　活潑熱情而早熟縱慾的芙蕾妲在正值花樣年華之際慘遭車禍。一根鐵棍插穿她的下背，她全身多處骨折並且截斷了一條腿。她的父親幾乎耗盡家財，為她四處延醫動手術治療，換來

的卻是她永遠不能再走路的診斷；她受傷後昏迷，三個星期後甦醒，她向守候在病床旁的妹妹說的第一句話，是詢問與她同車而只受到輕傷的年青愛人，他卻在不久之後離她遠去巴黎求學。

芙蕾妲以堅強的意志力與澎湃的生命力，熬過了一次又一次慘痛的手術，不肯向命運之神低頭。在臥床的日子裡她無師自通地學會了以後熱愛終生的繪畫，並且使用義肢重新開始學會走路。

她對摯愛她的父親說：「現在我是你的負擔，但是我要成為一個能夠自力更生的瘸子。」

芙蕾妲嫁給了肥胖的、聲名狼藉永遠偷腥貪戀女性肉體、卻是才華洋溢的名畫家狄耶哥，也因丈夫的鼓勵及推薦，她個人與她的繪畫的特異風格，使她在國際畫壇嶄露頭角。她隨著丈夫週旋在歐美的半上流社會中，同樣過著恣意而放蕩不羈的生活，即使如此，她與狄耶哥之間由於政治理念相同而成為同志、又是同行加上摯友般的情誼，他們倆個對於對方的熱愛絲毫不減。

芙蕾妲期待懷孕帶給她一個完整的生命，醫生警告她懷孕生產會讓她必需重新再次接骨，她也在所不惜，卻因為自己殘障的身體體質太虛弱而流產。她痛不欲生，堅持要把死胎裝在玻璃瓶內，畫了一幅畫，畫中穿白衣的她，腹剖腸流，躺在血泊中；她胎死腹中的可憐嬰兒，高懸在畫面的一角。

芙蕾妲的畫永遠訴說著她的故事。她用自己七折八斷經年累月需要整修的身軀為體；她以其一生都糾纏不離肉身的劇痛

及她炙熱如火般的情感為神，畫出一幅幅色彩濃烈、風骨詭譎而曠世驚俗的畫作。一位畫評家大為震撼於，她的畫能夠在同時描繪出人體的極限苦痛及超乎想像的承受力。他說：她的畫，道盡了世人的心聲，他們只能孤單地獨自承受自身的苦痛。

狄耶哥向芙蕾妲坦承自己的身體不能專一、心卻永遠愛她。芙蕾妲依然嫁給他。他卻犯下了與她好心收容在家離婚的妹妹私通的絕大錯誤，使她忍無可忍毅然離家出走。

在做過一次大手術之後，有一段很長的時間芙蕾妲需要五花八綁地穿上用許多條寬皮帶綑綁的馬甲，還得用吊帶把脖子吊直。她依然奮力不懈地作畫。有一幅畫畫中人好似一個支離破碎後勉強拼湊起來的人偶，卻是倔強地挺直背脊，一字濃眉下的眼神有一種幾乎狂妄卻又深沉凝定的剛毅。她出走之後畫的一幅雙人像裡，兩個並坐的自畫像剖開胸腔裡兩顆血淋淋的心，一顆是被她所熱愛的男人寂與妹妹傷害而悲淒欲絕的心，一顆是被她所至信的丈夫與妹妹背叛而憤恨交加的心。

她在現實生活裡表達情感的方式人如其畫，激烈又極端。離開丈夫後，她剪短了一頭長髮，穿上她自少女時代就喜歡喬裝的男裝，放浪形骸地縱情恣歡在同性及異性戀的圈子。這時她的一幅畫作，畫的是當時的一件殺妻案。她以無動於衷的冷酷筆觸，畫出一個身上有許多血淋淋刀痕、面目因痛苦而顯得猙獰的女性裸屍，殺妻的男人卻一臉無辜地一旁站著。當朋友問及她這幅畫要表達的到底是什麼？一頭短髮一身男裝的芙蕾妲，跨腿半躺在沙發上輕描淡寫地說：「那男人說他只不過在她身上劃了廿二道小傷口罷了！」。

　　芙蕾妲的丈夫讓她承受了最沉痛的精神傷害，她卻是他唯一的真愛。在她肉體的苦痛到了使她無法再承受、她的身心衰弱到了想要放棄再抵抗的時候，他再度向她求婚。他們倆人之間的情愛糾纏，終其一生從來沒有空間可以容納他人。

　　這部電影是一位女導演茱莉泰摩導的，她也是該片的服裝

設計，她未改芙蕾妲的本色，以繽紛濃艷多飾的衣裝及頭飾，詮釋芙蕾妲肢體殘缺卻如夏花燦爛盛開的面貌。

她以輕快如樂章的劇情打開序幕：活潑快樂充滿青春活力的少女，帶著好友去偷窺畫家畫裸女，卻正逢畫家妻子前來爭風吃醋，畫家待妻子走後正想與裸女尋歡，卻被少女打斷還戲呼他胖子（沒錯，她後來嫁給她作她第三任妻子）；膽大包天的少女在家中的衣櫥裡和男友做愛；受到父親寵愛的少女在家中備受嬌縱；少女不顧男友的呼喚一定要追趕即將離去的巴士；少女讓座給站在她面前抱著嬰兒的婦人；少女驚喜地看到有個年青人手中握著一隻美麗的紫藍色的小鳥；另外一個畫匠模樣中年男子手中的一紙袋金粉又轉移了少女的注意力，畫匠抓了一把金粉給少女，說這金粉是要給教堂裡的聖母像塗面的呢！少女握著一手掌的金粉開心地笑著………

………一瞬間，鏡頭轉慢滅聲，乘客在搖晃撞擊中回望車後迎面而來觸目驚心的建築，錯愕與驚恐同時顯現在人們臉上；碎裂的玻璃與解體的車身四處飆散；小鳥遑遽地振翅飛去……

而，拉遠的鏡頭裡，四遭全是散落的巴士殘骸，軀體彎折的少女如同被棄的破布娃娃，獨臥在血泊中；少女掌中的金粉灑落在她的裙裾上；空中有霏霏金粉綿綿飄落在少女身上，彷彿她是一場祭典中的金身牲禮……

人生無常，生命有時艱苦沉重；世事難料，命運不會盡如人意。但是，不能以「天定」、「宿命」作為藉口而自暴自棄；「怨天」、「尤人」的負面情緒，只會讓自己沉淪在痛苦的深淵裡，也會惡性循環地影響週遭的人與事。

芙蕾妲在搭上巴士的那一天，花樣年華的生命，遭逢了突如其來的中斷；終其一生，絕大部份的歲月裡，她每天過著不知何謂「疼痛」的日子；她也承受了被自己至愛的丈夫及妹妹背叛的心靈傷殘；但是，她雖然身心皆殘，卻是心志堅硬如鋼鐵、又美麗柔軟如她愛畫的蝴蝶一般，活出了她燦爛的人生。

多麼精彩！

02

September

別爲小事煩惱

　　印地安人有兩句諺語，他們深信可以給人帶來一生的健康與快樂。第一句是：別爲小事煩惱。第二句是：所有的事都是小事。

　　說得好啊！這麼簡單的兩句話。

　　整理書櫃，翻開舊的記事本，有句話在不同的日子寫了好幾遍："Now That I Did My Best For The Day, I Will Sleep Tight For The Night."「白日我已經盡力，夜晚我將安眠。」，做好你該做的事，盡你的本份，其他的不必擔憂煩惱。

　　中國人有許多睿智的諺語深諳此道：「謀事在人，成事在天。」，「盡人事，聽天命。」，都很積極。事情的成功有許多必需的元素，做得好抑或不好，也得看許多因素是否配合恰當，謀事盡力之後，就不是在自己的掌握之中了。

　　另外有一句「杞人憂天。」，是說河南杞縣古時的杞國，有個人憂慮天會崩塌下來，自己寄身無處，因而他日夜廢寢忘食。覺得這人很愚蠢嗎？難道這種感覺不熟悉嗎？

　　杞人憂天也不是沒有道理，用今日科學觀點較為貼切一點的說法是：不知那一天會有一顆大隕石從天上掉下來，壓垮了他的屋子，讓他無處可居。只是，他所擔憂的，一、很可能在

他有生之年不會發生，二、發生與否是他完全無法掌控的。

我的表弟是表舅的獨生子，在表弟初中畢業之前，表舅從來不准讓他一個人過馬路，當年造成表弟和家人不少困擾。表弟自己做了父親之後，就特別注重教導他的幾個女兒，在幼小的年紀時，就能夠很獨立。表舅很注重飲食保健，而且在廿、三十年前定期體檢尚未被重視時，就每隔半年做一次體檢，卻依然躲不過命運的安排，在六十歲那年因為腸癌不治去世。

人生無法預約，命運很難把握。無謂的煩憂只有造成不必要的心理、生理甚或環境的壓力；人的命運有時如同在水平如鏡的大海行舟，突如其來的暴風雨，就彷彿是在人生中發生了不可抗力的突變，你即使盡力周全預防，仍然不一定能夠阻止。

有時，註定該發生的事，又彷彿那天搖地動，涓滴小水可以匯川成流，走山斷崖也好像很稀鬆平常。

今日，韓劇在兩岸三地、日本及東南亞風靡一時，實際上，我應該可以大言不慚地說，我算得上是這一波韓流醞釀初期的推手之一。我在無意中因緣際會做起韓劇代理，當初要說服各電視台採用韓劇，雖然說不上是費了九牛二虎之力，的確有相當大的困難度。

當時，我雖然在私底下常對我代理的韓國電視台合作夥伴和我的韓國助理說，三年以後韓劇必然風行，我所遭遇到的挫折，卻每每讓我很沮喪甚至好幾次打算放棄。但是在以不賠錢為原則的大前提下，我一再堅持，終至三年之後，韓劇市場有了突破，我也得到該得的回饋，韓劇則自此大放異彩。

當然，一種潮流風尚的匯成，有許許多多必需的元素及各種各樣巧合的因素。韓劇本身被認同有一定水準的素質，偶像級的演員也各具獨特的魅力，但是，當年若不是一部李英愛主演的《火花》，因為在週日時段播映收視率不好，被轉移到週末播映突然爆紅，自此點燃了韓劇威力的火花，韓劇可能還不至於如今日這般所向披靡。即使連當初一念之間改變《火花》播映時段的電視台總經理，應該也是始料未及的吧！

　　對於我來說，我的介入韓流，是命運之神在我的人生中，插了一手，不是我所規劃預期的。我只是巧逢其會，很認真地盡量做好份內該做的事而已。

　　六零年代，當紅喜劇女星桃樂絲‧黛（Doris Day）曾常有一首膾炙人口的歌：When I Was Just A Little Girl，/ I Asked My Mother： What Will I Be?/ Will I Be Pretty? / Will I Be Rich? / Here' s What She Said To Me：/ Cay, Saray, Sa rry Whatever Will Be, Will Be ,The Future' s Not Ours To See, Cay, Saray Saray……

　　為什麼要去擔憂那些可能永遠不會發生的事呢？不如摒除心理上的負面情緒，集中心力把握當下，正面展望前景，結果可能出乎意料之外地美好。

　　再大的豐功偉業，再多的榮華富貴，生不帶來死不帶去，在離去人世的那天，昨日種種霎時煙消雲滅。人的渺小比如滄海一粟，比如天下螻蟻，那有什麼了不起的大事呢？！微塵人生，螻蟻人生，何必諸多計較？！凡事縮小自己，退一步海闊

天空。大事化作小事，小事化作無事；能夠身心安頓，日日都是好日子。

03

September

有時就算繞一點路也沒關係

　　Eric打電話來，聲音有點沙啞，我問他：「你剛起來麼？」，聽聲音好像他還躺在床上，舊金山現在才是早晨七點，又是星期天，對於一個「賦閒」大半年的年青人來說，生活真是規律得沒話講。

　　「紐約的Interview怎麼樣啊？」，兒子上週飛到紐約去面試，他告訴我有一家公司是他很嚮往的。昨天Laura從她婆婆家打電話說哥哥有e-mail給她，好像面試情況很好。

　　「我很有挫折感啊！」他說。

　　「你不是寫e-mail給妹妹說一切都好嗎？」兒子經常和在倫敦巴黎兩地通勤的女兒通訊，尤其是工作方面的事，哈佛企研所畢業的女兒常是哥哥的顧問。

　　「原先我以為我己經得到那個工作了！星期四去我喜歡的那家公司，面試本來是一個鐘頭的，結果談了幾小時，那個面試我的是公司老闆之一，他還送我回到我的住處，情況好得很。」

　　「第二天約了他另一個partner面試我，那人看來不太喜歡我，問了一些身家調查的問題。他覺得我不夠intense吧！本來第一個約談我的人，教我不要再接受別家公司的面試了，現在他說下週還要電話約談幾次。」

「我很喜歡這家公司，信譽很好，人很少，能力強的人很容易脫穎而出。我對自己的能力很有自信，我覺得這家公司很適合我。」兒子的聲音有點懊惱。

「在你的專業領域裡適合你的工作總共也沒有幾個啊！何況是頂尖公司，難怪他們要精挑細選！」

「可是，我知道我能夠表現得很好的。」Eric是個生化科技基金的操盤分析師，他入行三年，績效很亮眼。

「有自信而真的有能力就是你的強項，不要去顧慮人家喜歡你或是不喜歡你。要反省為什麼人家仍然對你有懷疑，那也或許正是你的缺點或不足。

「說我不夠intense大概是覺得我休閒太久了吧！」Eric說。他在今年初辭去高薪的工作，公司正準備今年一反往年的限制多讓他在媒體曝光，promote他操盤的基金，我為他覺得可惜，但是他堅持從醫學院、醫院實習到四年半前轉入財經界，十年沒有好好休息，他雖然喜歡他的工作，但是日子太過於緊張忙累，日積月累的壓力也很大，他需要休養生息一段時間。

他辭職一星期後就飛往日本，以後三個月就照著他半年之前預排的旅程，在台灣、東南亞、中國大陸及日本旅遊。四月中旬趕回美國報稅後，還去了委內瑞拉半個月。七月中參加Laura在Saint Jean Cap Ferret的婚禮前，在法國北部一帶遊走了幾周，之後他還順道去莫斯科一帶旅遊了十天。回舊金山後才開始找工作。舊金山四季如春的氣候，加上依山面水的環境，對於日常慢跑又熱愛風帆、只要天氣情況允許週末就去滑雪的Eric來說，彷彿如魚得水。起初他只在舊金山找工作，罕

有機會才轉向紐約。

「他們會對於你這點懷疑是可想而知的。從一般以名利事業為重的紐約客的角度看，你辭去這麼好的工作，可能工作上有什麼特別的事由，也或許可能是一種有潛在心理因素的逃避。」，我對他說：「休息是為了要走更長遠的路」，這句話，尤其是在時間等同金錢，分秒必爭的華爾街，很少有人會真心認同。

「工作方面的事我倒不擔心，我前任大老闆當初還曾挽留過我，而且自動提出如果有需要，他會替我在推薦書裡替我美言。」Eric說。「我想多半還是我休息了這麼長久的時間這件事，讓他們猶豫吧！」

「一定會這樣啊！。我當初也不能瞭解，後來覺得你作了很有意義的抉擇。你有時間和心思去分析衡量你的心態與需求，探索接下來的這一階段的人生方向。你應該讓他們明瞭，你所以辭職去旅遊的真正原因不是逃避責任或壓力，而是要沉澱自己，讓自己能有更廣闊的視野。」

「我會盡力試著去說服他們。」Eric的聲音仍然沒精打彩。

「你可不能沮喪，也不能後悔。你要相信自己作了對的選擇呀！。利用這段空檔期好好享受你一直想要的安靜與安閒。想想看，以後你不太容易有這麼奢侈的閒暇了。It is not easy, but you especially need the positive thinking right now. Wouldn't do you any good the other way around!」

"OK." 兒子這麼答應著。我做母親這顆疼愛孩子的心很

痛，多麼希望他能夠一切順利，心想事成。

　　Eric是個目標執行者。一旦確定目標，他會全力以赴，力圖達成目標。十二歲時，我給他一部DIY的腳踏跑車，他一夜不眠不休直到組裝完成；高中時為了讓自己可以有被補選為籃球校隊的機會，他天天跟隨著校隊，在一旁的另一個籃球場獨自練球，直到被補選入隊，後來進足球校隊也是同樣的情況。

　　他在體育運動方面，絕不是天才型的好手，可是不論是深海潛水也好、滑雪也好，風帆也好，他總是全力投入甚至到了迷戀的地步。可是，那都是階段性的，每過幾年，他總會熱衷於又一種高難度的運動。我曾經擔心他沒有長性，後來發覺他是不斷地在嘗試克服新的挑戰，說真的，心裡感到十分佩服。

　　Eric自耶魯大學生化系畢業後，進紐約大學醫學院之前，休學一年。一人去倫敦做臨時秘書工作，所賺的工資，除了支付他的日常生活開支之外，也可以開銷他週末在倫敦附近的旅遊，半年之後積存下來的錢，還夠他在歐洲自助旅行了半個月。他原先的打算是到巴黎找個工作，發出一百五十封信卻找不到一個臨時工作。他又突發異想，想回美國到舊金山一家有名的烹飪學校學廚藝，要我支援他。我並沒有大驚小怪，知道他純粹是為了興趣，雖然中國古人有：「君子遠庖廚」這句話，我向來認為懂得烹飪藝術喜愛美食的男性，很懂得生活的品味，反而鼓勵他。結果，因為入學時間錯過，半年的時間也顯然不夠，這事就作罷了。後來他決定，進巴黎大學選修了半年法文。

　　醫學院畢業後的第一年，Eric是在哈佛醫學院的附屬醫院

（Massachusetts General Hospital）作實習醫生，可是畢業前，他利用兩個月的假期，到華爾街替一個生化科技類股的著名分析師作免費助理（當然也是靠打電話、發e-mail找來的實習機會），但沒有接受留聘，因為他覺得不能錯過在Mass General這個全世界數一數二、最好的醫院學習的機會；第二年他爭取到Stanford University Hospital放射科三年的實習計劃，又再次婉拒了另一位名分析師的邀聘；一年之後，終於決定轉行，到紐約華爾街做了一年半的生化科技類股分析師後，又轉業做生化科技基金操盤人，搬回他喜愛的舊金山。

Eric每一次的轉變，都彷彿破繭而出，經過了身心的矛盾衝擊；他的每一個決定，都讓我因為感受到他的蛻變之痛、擔憂他是否會行錯步差，而驚心動魄。但是，我總是提醒自己，他不畏承擔一定程度的風險、敢於轉變，不斷探索、追尋快樂而有意義的人生，終會尋找到安心置身之所。我該做的是，告訴他我的想法，讓他有所參考，然後，鼓勵支持他所做的抉擇。

做母親的擔憂害怕，無非是希望自己的孩子能夠快樂健康、幸福順利、欣欣向榮，捨不得讓孩子受難吃苦。

讀到蔣勳寫的一篇：「別踩一朵桐油花」，讓我釋懷不少。文中講到有一種病叫做無痛症，得了這病症的孩子幾乎都養不大，因為他碰傷了不知道，被火燙傷了也不知道。生物書上說，人的生命所以延續下來，最應該感謝的一種感覺是痛覺，生物若是沒有痛覺，無法存活，因為痛，他會警告自己，因為痛，他會學習如何更加強去對抗的能力。

有一部電影中，一個想要讓夢想成真的父親，帶著兒子，開一部古董車，追逐返回地球的第一艘太空艙，計劃在同一時間抵達降落地點，而古董車的哩程正好達到地球與月亮之間的距離。他們在途中遇到路障，時間飛快過去，兒子很焦急，父親說：「我們換一條少有人走的路罷！」結果，那條路穿越沙漠，兒子在車上看旅遊指南，父親說：「你人在沙漠中，不看風景，卻去看介紹沙漠的旅遊指南？」後來，父親突然停車，走到一株仙人掌面前，兒子說：「爸，時間愈來愈緊迫了，還不快點趕路!」父親說：「快過來，這類龍舌蘭，一百年才開一次花，怎麼能錯過！」

　　中國人說：「不經一事，不長一智。」人生的道路上，**轉換跑道或是繞路而行，可以汲取新經驗，擴大新視野，也許，也許，還能有緣巧逢仙人掌的百年花開。**

04

September

敢於面對恐懼

Laura打電話來，她自BOA BOA蜜月旅行回倫敦了，她的法國丈夫Eric L（與我兒子同名，所以我們常以他們各自名與姓的initials EL、ES相稱辨別）轉道獨自去潛水一星期再回巴黎。

這兩人，有一半的日子分道揚鑣。Laura與兩個合夥人成立了一家投資理財公司，工作性質較自由，公司在倫敦，她通常在倫敦工作三、四天，再把工作帶回巴黎EL的公寓渡週末；EL則剛接手一家Heavy Equipment製造廠，距巴黎坐火車要四個鐘頭車程，一樣要通勤；聽到他們要結婚，幾乎每個人都會問：「婚後你們到底住那裡呢？！」兩人決定先在巴黎買間小公寓，但是房價超貴，找到合適的大約得假以時日。

兩人平日各忙各的，週末假日總會離開都會到近地旅遊。EL做的是除舊佈新、整頓業務業績衰落的公司或工廠，責任重工作量大，所以他每隔一段時間，就會獨自旅遊十天或是兩星期，放下一切，讓自己歸零。Laura也可以藉此懶散放鬆或者是乘機好好shopping一下。

「玩得開不開心啊！」我問。

「很開心的，我們去了好幾個小島，都很美。總算真正relax了兩個星期。」

從去年十月份訂下婚期，Laura忙工作之外為了籌備婚禮，抽空整整忙了七、八個月，「只有週末的一兩天可以有空啊！」她說，單是為了要讓遠道及法國各地而來的親朋好友，參加婚禮時有舒適卻是價錢公道的住處，她和EL在Saint Jean Cap Ferrat附近一帶親臨其地，參觀評估了四、五十家旅館及旅舍。

和我這個媽媽比較起來，Laura絕對是凡做事都有條理的那一個；她當然也有嬌氣，也有時喜歡耍耍小性子，和我這個媽媽比較起來，她卻經常是較為明智的那一個。

「我總試著儘量努力做好每一件事，然後接受結果。」她不是對壓力免疫（所以她曾經消瘦並且併發形狀很奇怪的皮膚紅症），她是與壓力共存（所以她從來沒有失眠的困擾）；她不是輕易就滿足現狀，而是在權衡之後接受暫時的局限，努力發揮一己之能，雖然並不一定期待時機成熟突破局限，卻不停止地充實準備自己。

Laura有懼高症。應該有兩個溯因，一個是小時候到King's Dominique遊樂場時，玩約有三層樓高的大滑梯，雖然有服務人員抱著她坐在毯子上滑下來，高度太高，又因為是陌生人更讓她沒有安全感，那天一定受了驚嚇，現在此刻回想起來，她後來不但嘔吐還併發了一身紅疹。

另外一次是小學三年級的時候，她學游泳，初時學得很好很喜歡，換了一個專門訓練選手的魔鬼教練，太過急迫地將她昇級到中級班，第一堂課就魯莽的勉強她從高跳板跳水，回家後她嚇病了，發燒出疹子，從此不肯去上游泳課。後來直到高

中才繼續學游泳，但是她至今仍不願踏上高跳板。

Laura的懼高症直到她高中畢業來台灣渡假時，她從中正紀念堂走下石階，扶著石欄牆腿還會發抖，才引起我的注意，當時還覺得不可思議。她大學畢業要去紐約工作前，與我相偕去大陸旅遊。遊長城她只敢走到第一層的高處；遊頤和園，得我一步一步摻扶著，她才能上下最上層的頂樓，我這才省悟她真的有懼高症。因為我也多少懼高，心想，她以後就少往高處爬罷，也沒當它一回事。

後來，她開始熱衷爬山，先是去參加加拿大的New Age每日在山上hiking的禪修營。換工作搬到波士頓後，她更時常約了朋友去鄰近一帶登高。有一年，她告訴我已經約了大學同學、和同學的同事九個人一組，去爬非洲的最高峰Kilimanjaro，我也矇查查只當是她另一次旅遊計劃。

有一天，她打電話給我，告訴我前一天和一個女朋友去爬了麻州很有名的山脊。

「好不好玩啊？！」我問她。

「FUN？！那可是三千多公尺高的山脊耶！我的朋友嚇得腿都軟了，幾乎是爬過去的！」

「什麼？！」

「媽，妳知道什麼是山脊嗎？R-I-D-G-E！三千多公尺高的山，光禿禿的，兩旁都沒有樹，大約四五百米長，只有兩個人長度寬。」

「妳不是有懼高症嗎？妳不害怕？」我光是聽著汗毛都豎起來了。

「It was really scary！But I managed walking over，我的朋友真的是用爬的。」Laura笑著說，聲音似乎帶著一點戰慄的興奮。

「妳幹嘛要去爬這山脊啊！」

「媽，我和Alana及她的幾個男同事要爬的可是非洲的最高峰！I have to prepare myself for it！」

結果，那一趟非洲高峰之旅，原來有九個人說好要去的，只去了Laura、Alana、另一個大學女同學，和Alana律師樓的一個男同事四人，其他五個男生最後全都改變主意chickened out。Laura還告訴我，在半途中，有另一組人中的一個日本男人得了高山症，不治而死。

唸哈佛企研所之前，Laura和她許多再進修的同事、同學一樣，在入學前兩個月辭職去旅遊。這次，她選了尼泊爾，三星期的旅程，有十天是住在尼泊爾的廟宇裡禪修並在附近城市觀光，有十天是參加所謂的喜瑪拉雅山Base Camp，她邀我和她一塊到尼泊爾廟裡禪修。

「妳要去爬埃佛勒斯峰（Mt. Everest）？」我的背脊又涼了起來。

「媽，那是base camp，B-A-S-E，you know？！我不是去爬埃佛勒斯峰，是在山腳下看仰望它！」

「那我也可以去啊！」我喜孜孜地說。

「要兩個人擠在五尺寬的帳蓬裡睡覺！」

「沒問題啊！」

「零下五度C的溫度，半夜醒來要上廁所，只能到帳蓬外光著屁股就地解決。」

「我晚上不是常常需要上廁所的。」

「Mom, I don't think you can do it！在山上八、九天沒法洗澡！」

「噢！那我就不行了！」

她去尼泊爾之前，來臺灣陪了我兩個禮拜，先是吵著要去gym，說必需訓練體力，我替她買了我並不常去的健身房的來賓券，又因我剛搬家又剛開始promote韓劇很忙，她有時差，我不陪著她又不太想去，仍是沒有好好去鍛鍊。看著她中袋套小袋、大袋套中袋，爬山衣裝配備醫藥盒十樣齊全，又聽她說有關登山安全知識和其他該看的書都看了，而且主辦登山隊的旅行社頗有好評，已有三、四十年的經驗，我也就不怎麼擔心了。

待她要走前一天，我問她要聯繫的電話號碼，她說那家旅行社在當地只有三個人，因為會說英文，同一時間都會帶團上山，給了我一張旅程表，說是上面有旅行社兩三個電話號碼，有緊急情況也許可以試試（那是六年前的事，不知道為什麼那些導遊沒有手機？）我一看那張旅程表，簡直非同小可，幾乎

每天都要爬不同的山峰，除了第一、二站，其他的山峰動輒七、八千公尺高，真把我嚇呆了，很後悔沒有逼著她去健身房鍛鍊。

後來才知道，尼泊爾境內，包括世界最高峰山高8848公尺的埃佛勒斯峰在內，有八座超過八千公尺高的山峰。當然，結果是Laura平安回到台灣，人曬得很黑、又精瘦，輪廓顯得更深邃，我笑她很像西藏的高原民族，她說在尼泊爾逛街，當地人都和她說土話，以為她是同胞。「太瘦了！」我說。「沒什麼東西吃啊!除了包心菜就是包心菜，還有洋芋。每天又要消耗那麼多能量！」她說，當晚就要我帶她去吃大餐，「幸好帶了些beaf jerky、cereal bar和巧克力，現在，我好想吃肉！」這一回，又有一個別組登山隊的挑夫，因為高山症死亡。

有一天，Laura對我說：「我想，我可以開始學真正的Mountain climbing了！」

「什麼意思？！」這一次，我立即非常警覺地問。

「用釘子敲了套纜繩爬山崖的那種啊！」

「小姐，以前妳要做什麼，我從來沒有干涉過！這事，請妳等我死了以後再做吧！」這一次，說這句話，我可是板著臉很嚴肅地說的。

但是，說實在的，我打從心裡敬佩她。

05
MONDAY

September
轉變
——THE TURNING POINT

　　很喜歡一個香港女星，覺得她有一種很難得的、不矯揉做作的性感。幾年前她在最被影壇看好的時候，嫁人生子，丈夫好像是個攝影師，沒有多久又離了婚，後來又愛上了一個沒有什麼知名度的歌手。我先是覺得她的選擇有點輕率，沒有把握難得的機會在事業上往前衝刺，也不像演藝圈其他許多女藝人憑藉美貌名聲嫁入富豪之家，後來又覺得她的率性也許正是她的可愛之處吧！

　　她大起大落，這幾年雖然並未在影壇消失，卻是風光大不如前。前些日子偶而轉到一個訪問她的節目，很驚訝看到她即使曾經風霜卻依然嬌柔美麗，而且更多了一份成熟的風韻。

　　她說：" I am old enough to know, young enough to try again."

　　已經成熟到能夠不懼面對問題，依然年青可以重新嘗試改變。每個人都適宜也應該有這樣的心境吧！

　　你也許停滯不前，也許迷失了方向；你覺得精力耗盡，一切的努力終歸無效；你身陷泥淖，寸步難行；你的感情受到打擊，自尊受到傷害；你沮喪又恐懼，懷疑自我價值；你甚至變得憤世嫉俗，埋怨老天不公平，命運作弄人。

人卻往往被習性役使。你裹足不敢踏出腳步。充滿未知性的茫茫前程，遠比蝸藏於已經熟悉的困境裡，還要令人惶恐。其實，退避在現狀裡，常常可能正是最大的風險；不轉變，你也許就此一蹶不振。其實，你的選擇，只有二中取其一。

中國人常說「危機」，危是危險，機是機會。就是說往往在最危險的時候，會有轉機出現。達賴喇嘛說：切記有時候當事與願違時，反而會是一個幸運的契機。

有一首Josh Groban唱的有點另類的情歌〈You raised me up〉很動人心弦，其中有兩句歌詞我很喜歡："You raised me up, so I can stand on top of the mountain; You raised me up, so I am more than I can be."。「是你提昇了我，所以我立足山頂；是你提昇了我，所以我超越自己。」有這樣互相扶持的愛人，多麼幸運呀！真令人羨慕。

但是請相信我。如果錯誤地只希望別人伸手拉拔，你可能會因為失望而更加沮喪失志。

不要期盼救贖。拖延逃避只會愈陷愈深，怨天尤人更是無濟與事；自我懷疑是最大的障礙，積極行動是最狠的殺手[金間]。你可以選擇應變或者轉變。但是，首先一定要誠實面對自己的短處，承認過錯；然後重新認識評估自己的長處，再造優勢。

你的職場生涯是否停頓不前、遭遇瓶頸？你覺得因為生活環境逼迫，所以無法一展抱負、夢想逐漸死去？你目前的生活方式讓你感到乏味？厭倦？疲憊？無奈？或是壓迫窒息？你感

到委屈自憐、同時又羨慕嫉妒別人？你正陷落在婚姻或是兩性關係的死胡同裡？

理性思考潛藏在影響你人生、那些不可抗力情勢的背後，根本的原因何在？！

你是否需要加強你的專業智識、學習改進人際關係？！你是否應該轉換跑道，專注地做你優勢能力擅長的事？！也許你該辭去現職，放自己一個長假，四處旅遊，輕鬆身心、擴張視野？「休息是為了要走更長遠的路」，也許你該閒暇一段時間，充電之後再重新出發？！

也許，你該實際採取行動，走出早就失焦的婚姻或是已經背離的兩性關係？！婚姻不是兩人對看而是方向一致；愛情沒有尊重和誠信就不值得一再付出。

調適心境，勿忘前車之鑑；借鏡他人，世上不是只有你一人曾經孤立山頭或者跌落穀底。不要妄自菲薄，但是要作出實際可行的計劃，然後，儘管大膽去做。

在一篇日記中我寫著：

未來永遠是個未知數。釐清思緒，一旦作了選擇，毅然執行。一念定奪。這一念往往是經過百感交集的激烈衝擊之後，躍越而出。一念定奪，這一念既定，就必須取決於行動。你也許脫離舊軌，但不是背棄信念，也非譴責過去；你只是另選前程。你不必否定曾經擁有的美好，也不需背負已成往事的傷痛；你只是重新出發。

湖色蔭冷

柳枝冰泣

而　在陽光之中

天鵝炫目飛起

也許，已往種種，只是在為更好的明日做準備工作。

06
TUESDAY

September
逐夢永遠不遲

　　廿六歲那年，離台赴美的前夕，做了一個夢。夢中我和一些高中同學去爬山，滿山遍野都是人。快到山頂時，我抬頭仰望，啊呀！不知什麼時候飛來成群的鳳凰，彩羽翩翩，襯托著蔚藍天色，美麗得令人目眩神暈。可是，別人都沒有看見。

　　醒來告訴外婆。平日嚴肅不苟言笑的外婆，竟然笑得很開心地說：「好彩頭啊！妳的夢想一定都會實現。」我聽了也很高興，此後嶄新的人生，不知會有多麼好！

　　直到今天，**Right At This Moment**，突然的一瞬間，一個疑問自我心中一躍而出：我曾經有過夢想嗎？我的夢想是什麼？我美夢成真了嗎？

　　依稀記得求學時，無論中小學，每逢「我的志願」之類的作文題目，我都會寫：「我將來要做一個文學家。」。回想起來，我的意思是我要做個作家，寫寫文章的。我很幼稚，不知道文學家和作家並不是等號相連的。而我所以會有想做作家的念頭，不過是因為比同學多看了幾部小說，寫起文章來文筆較為流暢，辭藻較為繁複；偶而投稿，在什麼青少年之類的雜誌刊登了幾篇罷了

　　後來，高中時寫作文「我考大學的第一志願」，寫的是新聞系。我也以第一志願考上了當時大學裡唯一僅有的政大新聞

系。大一寒假輟學結婚，兩年後帶了兩個嬰孩復學，大三那年暑假開始到當年第一大報中央日報當實習工讀生，畢業後以第一志願進入中央日報，報社本來要我去採訪組跑新聞，我因家庭因素堅持做內勤，就被指派主編家庭版。當時的報紙只有三大張共六頁，一張半是新聞，一頁是副刊，一頁半是大小各類廣告，半頁是家庭版。總編輯對我說：「我們當年進報館只能編報屁股呢!」他說的報屁股是指一則新聞排完之後還有空間，就找一段小新聞填進去。以一個剛畢業的新人來說，我應該算是非常被重用的了。

回顧前大半段人生，諸如此類好像都是一筆筆糊塗帳，覺得自己很矇矓。引用小時候外婆常說我的一句話：「行魔窟運啦！這小孩！」上海人這話的意思是罵人很混沌，不知自己在胡作非為些什麼。曾經憧憬過刻骨銘心的愛情，猛回頭，過去種種，彷彿「如夢如幻月，若即若離花」，沒什麼大不了，也多半是害人害己。

真的曾經有過夢想嗎？這一仔細思索，充其量說過一句：「我追求真、善、美。」，可我眼矇矓，我心混沌，說這句話好似「為賦新詩強說愁」，說時當真，大約也是胡言胡語不知所云吧！

但是，事事都有一體兩面，幼小年紀就看遍世界名著，除了對愛情有憧憬之外，我還憧憬書中即使面對疑難矛盾、仍然不放棄追求真善美的人物，以及書中豐富繁錦的人生。也因此，使我很難與現實環境妥協，而成為一個無可救藥的浪漫主義者，一個不肯放棄的樂觀主義者。

幾年前，有緣認識喜歡拍電影的宗薩仁波切活佛（他曾是由基努李維主演的《小活佛》電影的顧問，也在這部影片中客串演出。後來他自製自導了一部《高山上的世界盃》），第一次與他見面時的對話很有趣。

「妳有什麼問題要問我嗎？」他問。已經夜晚十一點了，他借宿的公寓裡樓上樓下全是等待他的人。等了一個半鐘頭，我正在大門外催促帶我去的朋友離開，一輛計程車在我身旁嘎然而止，打開車門，這位年青高大的活佛迎面而來，知道我要走，就示意跟行的喇嘛讓我先見他。

「沒有呀！你有什麼話要對我說嗎？」我向來認為自己的問題應該自己解決，而且那麼多人在等他，我又插了隊，不大好意思多佔用他的時間，就這麼回答他。

「妳和其他的人不太一樣，他們大都是希望我能幫他們解決問題的。」他凝視了我一眼，說：「妳很有能量，不用有點可惜。」，然後又說：「但是，**NEVER TOO LATE**！」。

Never Too Late! 追逐夢想可以從任何時間開始，永遠不遲！我這樣期許自己，就把出版這本書做為我第一個不朦朧、不混沌的逐夢吧！

逐夢者不為明日設限。但是逐夢要有目標，目標是有截止期限的夢想。就像一個旅者，如果沒有設定一個目的地，永遠不可能抵達。

有一個從成功的禮品代工業轉而自創品牌的企業家，在準

備六、七年砸下龐大資金之後，他自創的瓷器品牌進軍歐美市場，卻因此激怒了幾個原先代工客戶的不滿，停止下單，使得他公司的營業額大幅驟降，他當即做出決策，調整生產線大幅裁員，三年以來，他公司自創的瓷器品牌保持成長，但是要損益兩平還需要時間，他說：「做品牌是我的夢，不可能回頭。」

這位少青年時想當歌手的禮品公司董事長，從未放棄逐夢。他在大三那年就曾頂下一家臺北東區的民歌餐廳，目前在各自藝術領域都享有盛譽的賴聲川、吳楚楚、齊豫等都曾在他的餐廳演唱。大學畢業服完役後，他到哥哥的禮品公司幫忙，幾年後，哥哥卻把公司交給他，自己跑去作音樂，他莫名其妙地進入禮品代工業，卻以一項比圖競爭贏得鉅額訂單，為公司及個人累積了財富。他對音樂的熱忱至今依然，公司的娛樂室就有鋼琴和吉他，他說：「我唯一的娛樂，就是彈鋼琴、彈吉他、唱歌。」

為了要持續追逐當年未完成的夢想，他標下臺北社教館旁的一塊空地，準備再蓋一家民歌餐廳，給年青的逐夢音樂人一個表演的場所。

夢想絕非一蹴可成。美夢成真，卻常常意外地突如其來。這樣令另人驚喜的好事有兩種：一種是無法用科學理論解釋清楚的、純粹意外--Simply Happened By Chances。另一種必定先是憧憬夢想，由於內涵踏實而生樂觀的信念，因為有敏銳觀察力而可以洞悉探索到夢想事物的本源，藉由階段性的目標，專心一志發揮所長，在自己的專業領域精益求精，不斷微幅修正自己的方向後，清澈思考採取明確的行動，直到有一天，因

緣俱足，擦燃了火花，於是，「碰！碰！碰！」地響聲大作，滿天美麗璀璨的煙火就此乘勢迸發。

美夢成真，常是留給特殊的一群人的—那些長期持續不斷地做準備工作的、無可救藥的浪漫主義者；那些不管夢想在未來如何演變依然堅持信念、不肯放棄的樂觀主義者；更或是那些兩者兼具的人。

09
FRIDAY

September
落下與失敗——
FALLURE VS. FAILURE

看過一篇文章，題目是：「FALLURE VS.FAILURE」，覺得FALLURE這字用得好。譬如走路有高低.，人生難免有起落，不小心絆倒了，只是跌一跤，站起來拍拍灰塵、處理一下傷口，再往前走。

也許無法避免失敗，但是可以選擇面對失敗的態度。其實，除了兩個選擇之外，別無他途。一是承認自己註定了是個失敗者，一是面對自己失敗的這件事實，在失敗中學習，累積經驗及愈挫愈勇的堅韌。許多事都如此，不是成功，就是學到經驗；不是得到，就是學到世事不會盡如人意。

很喜歡一句英文辭句：「TEMPORARY SETBACK」，譯成中文我比較喜用「一時的誤失」。不小心錯誤失手了，登！登！登！倒退幾步，跟蹌跌了一跤；可巧只在十字路口，而不是懸崖盡頭。不小心錯誤失手了，記取回顧前車之鑑的教訓，也可以借鏡他人的經驗，從中尋求解決問題的答案，探索新的觀點，或是找到曾被忽略而今曙光乍現的另一個機會。

也許曾經跌得鼻青眼腫：如果跌倒了，不學習自己站起來，難道要永遠等待別人伸手援助嗎？遇到挫折想要逃避是人之常情，但是往往你若逃避，就等於被擊倒，可能就此再也站不起來了。即使不被擊倒，若是就此不再前進，豈不是如同劃

地為牢？！

「EVERY EXIT IS ANOTHER ENTRANCE」，每一個出口都是另一個入口。每一次趨勢的改變，對於有準備的樂觀者來說都是另一個新機會。再出發，不必自我設限，但也不能異想天開，對於下一步路怎麼走，更要謹慎地實際評估、反覆嘗試，沒效應就改弦更張。

我剛回台灣時，暫時租了一間兩房一廳的公寓。

「上個月，我的大女兒才搬出去，我恭喜她而今而後可以獨立自主了，她今年廿二歲。妳也是第一次自立門戶，可是妳已經五十歲了，我不知是該恭喜妳呢？還是不該？」。一個老同學來看我，半打趣半同情地這麼說。

「這不該是妳住的地方啊！」另外一個從美國返台來探望我的老友，看見我住的公寓空間侷促陳設又簡陋，於心不忍，一個男子漢竟然泫然欲泣。

最讓我錯愕的是，丈夫在跨國公司做總經理的朋友，介紹了一個打工的菲傭來幫我每週清掃一次，這位據說有大學文憑及教師資格的咖啡色大媽，一進門兩隻金魚眼骨溜溜轉地四週打量，然後很嗤之以鼻地說："Oh My God! It's So Small!"。當她抱怨廚房又小又熱，窗口的小風扇毫不管用，應該裝個冷氣機的時侯，我更下定決心請她不用再來了。

走出婚姻，從大房子搬到麻雀小公寓，我不曾絲毫感到委屈，因為那是我的選擇。雖然，後來回顧，我也許選錯了另一

個入口，走離那個婚姻的出口卻沒有錯。只是，我也許應該更謹慎地衡量各種因素、仔細評估前程，為轉變作好預備。如此我就可以少讓自己及孩子經歷一些轉變的陣痛。

大約兩個月前，走在高低不平的路上，一不小心，高跟鞋的一隻後跟踩到另一隻腿的寬褲腳管，往前一撲摔了一絞，弄得手掌根手肘膝蓋都是瘀青。

「摔得這麼厲害，那時一定很痛吧！」朋友看了問說。

「當時只顧著趕快爬起來，一張臉漲得通紅，覺得讓人看見很難為情，一時裡倒不怎麼覺得痛。離開現場才感到刺痛起來。」我說。

「啊呀！我摔跤就是怕被人看到，很不好意思的。」朋友咯咯笑著說。

看高行健的《靈山》，有好幾頁描述書中人掉了鑰匙的事，我很不明白為什麼他化了那麼許多篇輻就寫這麼一件掉了鑰匙的小事。直到有一天，我不小心在暗夜裡撞到額頭，瘀血一直流到眼窩，一張臉有四分之一是瘀青的。我有事不得不出門，用手捂臉左捂右捂地怕人看見，後來發覺並沒有人特別注意我。這才恍悟，揣摸著也許高行健的原意是，人是渺小可卑的，對於自己來說也許是很重要的事，其實別人根本無暇顧及，因為和別人沒有干係。

有很多時候，你難免以他人的眼光來判斷自己的作為與存在價值，因此耿耿於懷，影響你的心態和判斷，因為自己的「落下」而羞愧，因為害怕再「落下」而猶豫。

"WHAT'S THERE TO LOSE? YOU ONLY DIE A LITTLE AS USUAL!"。從某一個角度來看，生命正在分秒間逐漸逝去，做或是不做，這樣過或是那樣過，怎麼做怎麼過，也不過是每天又死去一點，離死亡更近一步。消極的人遇到困境時說：「算了吧！怎麼做都沒用！」積極的人逢到挫折說：「沒什麼，重新來過！」。跌倒了爬起來再奮力前進，或是就地不起，你的選擇，決定你今後的人生風景啊！

農耕在年前就讓耕地荒蕪或翻土休息，任憑風吹雨打，由它寒霜冰凍。一則讓土壤鬆軟，吸取氧氣，再則除去蟲害。期待來年再種五穀時，乾酥的土地，能讓禾苗稻穗欣欣生長。

把「落下」當作休養生息，寒冬過去暖春到來，沃土翻耕，又是一畝好田。

September

知命不認命

有個電視節目訪問兩個實力型的台語歌曲女歌手。

較年長的那個，有獨特滄桑的音韻及濃重的鼻聲唱腔。她曾經情場坎坷，談笑之間眉梢嘴角眼波流轉處，仍然依稀可見風霜之後的悽楚。不會喝酒卻敢拼酒的她，也許就是不認輸的個性，才能一再長青歌壇吧！

另一個年青又健康的模樣，很適合她在台語歌壇罕見的陽光歡樂型的歌路。她毫不諱言，出道以前曾是賺取廿元工資替人洗一個頭的洗頭妹，因為愛唱歌，常常一邊幫客人洗頭，一邊唱歌，客人見她唱得好，都建議她去參加歌唱比賽，結果一舉成名。主持人問她：「聽說妳現在不唱歌的時候，還在幫人洗頭？」她笑著說：「是啊！家裡現在開了理髮店，若是姊姊和嫂嫂太忙，我有空就會去幫忙。自己家的店，洗一個頭，我可以拿到卅元的工資了。」多麼坦率平實的個性啊！難怪她看起來開朗又快樂。

有一部電影裡，一個十來歲的男孩得了不知什麼病（在電腦前坐久了，我常會起身做些家事，或是伸展伸展軀體，隨興看電視則可以讓我腦子休息，也因時間不定，我很少從頭到尾看完一部電影或是一個節目。）半身癱瘓，得靠輪椅行動，心疼他的父母卻堅持幫助他能學習身體和心理上的獨立。

有一回，他母親聽到他在浴室跌跤的聲音，跑去看他，發現他洗完澡從澡缸爬起來時，滑了一跤。他光著身子覺得很難為情，母親遞了一條大毛巾給他笑說：「你的身體有那一部份我沒見過啊！」將他扶起來時，男孩淚流滿面，母親替他擦淚，他說：「很抱歉，在你們允許我罵髒話之前，我只能哭。」母親摟住他說：「罵髒話也不見得會讓你好過些啊！」

　　在他家牧場歷經祖孫三代情如家人的老長工，知道他心中依然嚮往騎馬圈牛的比賽，耗盡積蓄買了一隻駿馬給他，還親手為他做了一個可以支撐他下半身特製的馬鞍。他對有點擔心的母親說：「至少，牠不可能再把我變成另一個跛子。」

　　被矇在鼓中的父親，直到比賽大場才發現，半身不遂的兒子，竟然和老長工一組參加騎馬圈牛的比賽，先是震驚，後是憤怒，最後父子兩人並肩入場，奪得了冠軍

　　真實人生也好，電影裡的人生也好，有時多少應驗了一句俗語的前半句：「萬般皆是命，」；至於後半句：「半點不由人」。，有一個朋友說得好：「我知命，但是，我不認命。」

　　你也許不能選擇自己出生於豪門富戶或是貧窮之家；你也許一再被至親好友甚或伴侶欺騙背叛；你最親愛的人或是你自己也許遭逢不幸；你也許狠狠苦讀仍然第一志願榜上無名；或是你努力打拼依然得不到上司的賞識認同；人生中有些事還真的由不得你。

　　但是，你可以有兩個選擇：你可以選擇痛心疾首怨懟憤恨；也可以選擇勇敢不懼面對逆境。知命是誠實認知不可改變

的既成事實；不認命是不管發生什麼困難或不幸的事，只要不放棄自己，重寫人生劇本的那一支筆，永遠掌握在你自己的手中。

前幾天，朋友邀我去聽了一場女高音演唱發表會，全場座無虛席，年青的女演唱家，人長得柔美歌聲又亮麗，真正讓人佩服的是卻她追求夢想的堅定與毅力。

這位演唱家，台北第一女中畢業之後，考上台灣大學經濟系，赴美留學在康乃爾大學拿到大眾傳播研究所的碩士學位，返台之後，做過電視節目製作人，擔任過公司行政方面的職務，後來在一家外商公司做公關。她五歲開始學鋼琴，從小就喜歡唱歌，也曾迷戀紐約百老匯的歌舞劇，不過都只是閒暇時的興趣而已。

兩年前，有一次，喜歡聲樂的畫家媽媽有事不能去上聲樂課，讓她代替去上課，她在聲樂上的天賦，讓老師大吃一驚。二十七歲的她，自此開始利用下班後及週末的時間，學習正統聲樂，半年之後就陸續有了演出的機會。一年前，她決定圓夢，毅然辭去工作再度留學，到義大利做大學歌劇系四年級的插班生。兩個月前，她畢業返台，決定先開一個發表會肯定自己。

雖然她在留學的一年間，學習一種新語言的困難及獨居他國思鄉的愁緒，也偶而曾經困擾她，她卻是幸運的。「我很感謝家人的支持，除了給我精神的鼓勵之外，也讓我沒有經濟上的顧慮。」她工作時與媒體建立的人際關係，還有她在職場培

訓而得處理公關業務的能力，對於她舉辦演唱會，也有極大的幫助。

一個網球教練問他的學生說：「如果你把球打到草叢裡去了，用什麼方法，可以在最短的時間內一定把球找出來？」，「從草叢的凹處開始找。」，「從草長得最長的地方開始找。」，「…」，「…」學生們七嘴八舌地說著。教練搖搖頭說：「真正最容易又而可靠的辦法是，從草叢的這一端，走到那一端，一步一步地找。」

憧憬夢想，了解自己的能力，努力培養可以實現夢想所需的專長，認知目標後堅持信念，直到目標實踐為止。一步一步按步就班地做，夢想不是很遙遠。

正巧轉到訪問這位女高音的電視節目，主持人問她是否曾經猶豫曾經後悔？！她說自從她下定決心之後，沒有考慮過別的事，一心一意只想如何去達成目標；第一次開辦自己的演唱會，各種壓力，也曾使她一度自律神經失調；但是，即使她現在仍處於思考未來的十字路口，音樂已經成為她生命中不可或缺的原素。她淡淡地笑著說：「不做我才會後悔呢！」。

必需要有這樣投入的熱情，全力逐夢成為生命的原動力，夢想也就不只是遙不可及的虛幻之境了。

一個計程車司機，夢想有朝一日能夠成為翱翔天際的飛機師，為了湊足去美國學習飛行的學費，他日夜不息地工作，終於分三階段完成學業，考取飛機師的執照，目前是一家航空公司的副駕駛。

一個黑道小混混，成日不務正業，經常依賴疼愛他的祖母及父親金錢接濟。他祖母臨死之際仍然放心不下他，囑咐他一定要成為一個有用的人。他痛定思痛，決定自力更生，到一家外商銀行去做黃金倉庫管理員，每天在金條堆裡認真地做著點貨擦貨搬貨的工作。有一天，一個外匯交易部的主管問他有沒有興趣做黃金交易員？這句話又再度改變他的人生，使他決定發奮圖強。此後八年，他白天做黃金交易員，晚上讀書，完成了大學學業，也成了副總經理最被看好的繼任人選。

　　還有一個女牙醫的故事，眾所皆知。她勇於衝破侷限，擺脫世俗與婚姻的綑綁，追求夢想，成為西班牙舞的舞蹈家。如今她不但有了理想與共的愛侶，得到追求藝術心靈上的滿足，初期經歷的艱辛，也為她換來了名利。

　　有夢最美，但是唯有對自己有不移的信念，加上付諸行動的紀律和決心，以及不畏艱難的堅毅和勇氣，踏實逐夢，美夢才能成真。

13

September
我的身體終於喚醒自覺

今天竟然在清晨六時準時醒來。情不自禁很疼愛地對我的身體說：「真好樣的！」

14

September
做一次賭徒，擲一把骰子

有的時候，多少得有點耐性，抑制無昧的衝動，等待命運的扭轉。也許，時機到來，所有的關鍵樞紐自會吻合運轉。

進退自如，很難把握，但是，轉捩人生的訣竅，正在於知道何時後退一步休養生息，何時揮出一棒，全力出擊。

有的時候，要相信幸運之神會從天而降、意外的眷顧會讓你喜出望外。也許，現在正是你做一次賭徒，放下賭注，擲一把骰子的時候；也許，這一回，你會拿到一手好牌。

15

不要錯過

「如果你是我，給你十分鐘讓你復明，你要做什麼？」一個盲者問。

「十分鐘嗎？如果讓我得到了又失去，我寧願不要。」被問的人愛上了一個女人，卻得而復失，受盡煎熬。

「只要給我十分鐘，讓我能夠看到這世界，我願意放棄一切，絕不錯過。」盲者很渴切地說。

有一個朋友，在多年前，因為患得患失，狠心剪斷了一段愛戀猶始的感情，卻從此眼中再也容不下第二個人。至今仍然單身的她，事業有成，雖然開朗瀟灑，有一次，難得酒醉，竟然號啕大哭。第二天見她，我問她怎麼了？她沉默了一會兒說：「錯過！錯過！偶而我會想：錯過了，還不如過錯了有個明白。」

16

FRIDAY

September
今夜月色最明亮

　　今天和**Angel**約了午餐，原本說好將已經寫好的文稿e-mail給她先過目，她再列印帶來和我會面時討論，誰知怎麼也傳不過去，只得作罷。奇怪的是寄給我自己不同的信箱，都沒有問題，偏偏寄到她出版社的幾個網址，左寄右寄都寄不過去。

　　綺文說：「這種事不知所以然，就是會發生！」下午回家後仍然寄不過去。只好等綺文星期一過來copy。

　　突然想到「莫非定律」：If Anything Can Go Wrong, It Will.凡事要是有可能出錯，就一定會出錯。

　　和**Angel**見面，我們總是有許多話題可以聊。不過還是三言兩語把出書的事作了更進一步的定奪。我將在十月底交稿。

　　現在真的進入戰鬥狀態了。這對我是很大的考驗。雖然一開始就認知，這自我更新改革人生的第三個六十天，是達成一定目標的實踐期，目標卻是可以調整、有彈性的；我期許自己，在這個六十天最後的兩個星期，能夠規律自己每天遵循時間作息表，每天完成三至四千字的文稿，當然每星期要上至少五堂瑜珈課。

　　要改變生活上習以為常的舊習慣，追根究底，必需要養成新的生活態度。就拿減肥來說吧！有兩個主題：第一是減少飲

食攝取量，食用必需的並且有益身體的食物，因此必須有一套去蕪納菁的飲食觀念；第二是運動！運動！運動！因比必須大幅調整日常的生活作息；這不是只做兩件事，而是澈底去做這兩件事，由裡而外，由外而裡，週而復始，身心因此逐漸更新。

今晚十時的月亮最亮。以後要經過一百零八年才能看到這麼亮的月亮呢！不能錯過啊！一看書又忘了時間，想起來要看月亮時，已經十點半。幸好，月亮尚在，肉眼看起來，十點半與十點大約差不多亮。

走到陽臺觀望，只見一輪圓月淨亮，真是美好。待到午夜，我把屋裡的燈全都關了，靜靜地坐在客廳落地窗邊的墊子上，那月光正好灑落我一身，我的心也就恬然喜悅了起來。一兩個時辰過後，月亮轉過牆角。透窗浸入滿屋的月華，皎潔如洗，我躺在沙發上彷彿睡在月光裡，即使日間有些許煩惱，也就這麼一洗而淨了。

17
SATURDAY

September
從「怎麼做個零售大王」
說到「墨非定律」

　　抽閱家中尚未閱讀較前期的《大師輕鬆讀》週刊，抽到一本《Build For Growth 怎麼做個零售大王？》，看得很入味。常覺得條條大路通羅馬，待人接物處理事情經營企業，舉凡各類大小事情常可觸類旁通，一理通則萬理通。

　　商周出版的《大師輕鬆讀》週刊，每星期作文摘介紹一本各行業或學術界大師級作者的最新創作，也就是看一本薄薄的中英對照的文摘，可以一窺這些頂級大師的最新理念。

　　在這本《Build For Growth》書裡，從如何企劃、建立、講到擴張和持續經營連鎖零售商店，有一個不容忽視的要點是指出：一般商店從開始構想到實際營運，大約需要十八個月的時間，這往往超過預估的時間，因為要預留可能出紕漏、需要調適糾正的時間；至少須要有心理和實際的準備，預期任何可能出錯的地方就一定會錯個三次。

　　昨天才突然想到墨非定律，今日正巧讀到，讓我忍不住覺得好笑，而且，我向來有「事不過三」的原則：一則是有了目標、盡量去做，一次、兩次、三次，到了三次還是不能達成目標，就要考慮轉換目標（這是有對方或多方參與互動的事。如果追求夢想或理想，往往需要更堅毅的恆心。美國的Macy's百貨商店，從1858年時，在紐約第六大道第十四街街口的一家乾貨店開始，創辦人Roland Hussey Macy，屢戰屢敗有九次之

多，終於在1877年，成立第一家R. H. Macy & Co.百貨公司，規模擴大到毗鄰的十一棟大樓，一樓都是Macy's的店面）；另一則是，與人合作或是交往，若是狀況不甚嚴重，明裡暗地被欺騙、被搞烏龍、或者被過河拆橋三次，這人就成了我的拒絕往來戶。

中國人也說：「一而再，再而三。」沒聽過「三而四」吧！可見「三」這個數字是有考究的。

墨非定律最原始的出處源自於，1949年時，在美國的Edward Air Force Base的 North Base空軍基地，執行的MX981太空火箭工程計劃有一個試驗，測試人體在坐在座艙裡陡遇快速墜落的衝擊時，能夠有多大的承受力。有一天，有一個工程師Edward A. Murphy Jr.，發現繫在試驗人員身上的十六對變頻器中，有一對變頻器的電路壞了，他就責備負責的技術人員說："If there's anyway to do it wrong, He'll find it!"「只要有任何可以出錯的地方，他一定會出錯。」

之後不久，軍醫Dr. John Paul Stapp在試驗中坐在橇車上延著軌道高速陡降，成功地以40Gs的拉力將橇車剎住，舉行慶功發表會時說：這個高危險度的試驗有良好的安全紀錄，應該歸功於我們確信墨非定律："Anything Can Go Wrong, It will！"而不敢掉以輕心。

負責這項太空火箭工程的承包商，在廣告中大肆運用這句「墨非定律」，自此引發「莫非定律」套用風潮，至今數十年，不褪流行。

「墨非定律」的衍生定律千奇百怪，不勝枚舉，有的十分搞

笑，有的深涵哲理。也有堅持「墨非定律」的原始說法是："If there are two or more ways to do something, and one of those ways can result in a catastrophe, then someone will do it ."較有意義的說法，無非是要人樂觀不忘未雨綢繆、執行不忘警惕審慎吧！

對於我目前的狀況來說，有兩則常被引用的衍生定律很適用：一則正是："Anything can go wrong, it will."這兩個月來，諸如頭痛、胃痛、睡眠不適、扭到腰、拐到腳之類的身體狀況層出不窮；電腦當機了好幾次；情緒也會嘎然停擺，好像鏡頭變速進入慢動作。

另一則："Everything takes longer than you think！"可就真的是擋箭牌了。

突然冒出「墨非定律」，讓我沾沾自喜十分地篤定起來，因為，可以告訴Angel：交稿截止日期至少順延三次，是挺合乎常理的。

18

September

孤獨——SOLITITUDE

今夜中秋，月圓人團圓，朋友相約吃飯賞月，我仍然選擇孤獨。

很喜歡SOLITITUDE這個字的意境。一種出於自願的、BY CHOICE的孤單。"I AM ALONE, YET I AM NOT LONELY."「我獨自一人，但我不寂寞。」

寂寞是一種不快樂的情緒，一種被摒棄於門外的失落，一種渴望得到他人青睞、渴望與他人有某種情況的互動關係的依賴。寂寞，讓人在無形中，會被自我之外的不可確知因素主宰，因而喪失了對於我來說不可或缺的精神自主。

我不喜歡寂寞。依賴別人的主動或互動關懷，會讓我不但成為別人的負荷，也讓我覺得委曲自己，剝奪我不受除了知性和理性之外干擾的身心自由。

我的子女是我最大的牽掛。胖的，擔心他不健康；瘦的，唯恐他太勞累。太專心事業，期盼他多注重精神生活；太悠閒自在，指望他多用心規劃生涯。沒成家的，總想他早締良緣；有家庭的，但願他和樂融融。精明點的，盼他能有容大器；太憨厚的，望他能啓聰開智。這樣那樣的，事事時時連心，有時弄得我很苦惱。因為是有地域距離的牽掛，有時子女不在身邊的孤單，也會讓我覺得寂寞。

有一天，突然醒悟，他們都已成人，我所能為他們做的最好的事，就是把自己照顧好。言教不如身教，我把自己的生涯規劃做好，讓自己的身體精神面貌健康自在，再進而能做到言行有德，我就是個無愧的母親。於是，時常提醒自己對子女接納包容，不求回饋地付出愛心與耐心。結果，我反倒成了最大的受惠者，子女的貼心時常讓我感恩。

我不喜歡寂寞。所以，我把曾經愛戀的人的影像置之於九霄雲外，把所有與他有關的韻事從記憶中斬草斷根剔除，把所有可以與他通訊的號碼和方式丟棄關閉。直到有一天，我不再渴望聽到他的聲音，不再期盼見到他的面容；於是，他的存在不再是我的糾纏，他的關懷只會帶給我一種純淨的喜悅。而我如是回饋，還拾回個身心來去自如。

另外有一句話幾乎是我的MOTTO：「我的心是我的清淨地，我的居所是我的曼陀羅」，佛法常說「自身佛」，基督教常告訴教徒「上帝在你心裡」。凡事若能得個「理」字，心靈就可以清淨，聖地不必他求，就在你的居所。

孤獨是可以快樂的。有時候很享受閉門獨處，在不被打斷的悠閒中思索。能夠活在自我知性思考與感性想像的世界裡，不對任何人事物有依賴感或是依戀感，真的是一種極致的奢華。

曾經妄視忽略已經擁有的，害怕失去現在擁有的，貪心欲求尚未擁有的，真是日夜煎熬，心焦如焚。這心中貪慾多一分，對外力的依賴就增一分，就愈是對自己沒把握，愈要對別人盤算計較。反之亦如是，惡性循環沒完沒了。後來，懂得脫離牽絆，領悟了知道該放下的好處，突然間豁達開朗，原來，

「操之於我」這偌大的權力，正是來自於一種自立的孤獨。

　　一個懂得孤獨自處的人，不會在意別人的眼光，不會因為別人對自己的看法耿耿於懷，影響自我評價；一個懂得孤獨自立的人，會一再調整心態，能為自己負責，而避免由別人主導他的自我概念。

　　孤獨不表示自我囚禁，沒有壓抑的情緒，也不是否定現實；一個孤獨的人有時也會離開自心的清淨地，去看外面的風景、從體驗冒險中發現驚喜。

　　在一天中找一個不被干擾的角落，給自己一段完全獨處的時光；或是找幾天空閒的日子，讓自己從現實生活中完全消失，去你想去的地方，做任何你想做（但是不妨害別人）的事，不做任何（自以為或別人認為）你該做的事；你也許會了解，孤獨可以是一種不設限的自我解放；孤獨也可以是一首熱情澎湃的心靈交響樂曲。

　　今夜，月光如此皎潔，我孤獨一人，靜臥在水般的月色裡，盛開如蓮。

19

TUESDAY

September
洪老師的瑜珈教室

今天第一次上了早上八點鐘的瑜珈課，還是第一個到的。

早晨六點鐘起床對我來說，雖然只不過是比前兩個月早起一小時而已，仍然需要時間適應，前些日子靠鬧鐘叫醒，起來仍會覺得睏，這幾日倒是比鬧鐘提前一兩分鐘醒來，一睜開眼就覺得神清氣爽，前一陣子身體的酸痛也減輕了不少。

仍舊保持每星期上六次瑜珈課，星期一因為出門發現忘記帶護膝，回家拿了之後再去，會遲到很多，就不去了。一天下來原本覺得累，沒上瑜珈課，更是渾身僵硬，只好自己在家比劃比劃，總不如上課時認真。

前兩天，洪老師覺得我近來耐力較差，建議我是否考慮隔天上一次課？

我每天有六、七小時坐在電腦前，一隻手又常寫字，坐久了即使每隔一段時間都會起來走動，因為長時間保持相同姿勢，身體還是會僵硬。「所以，」我對洪老師說：「我愈累就愈需要做瑜珈。」，做的時候雖然會感到較吃力，做完以後，淋漓盡致流一身汗，肢體伸展了，反而舒坦。

昨晚匆忙趕出門，忘了拿護膝，又是因為上網。我的毛病是一上網不論寫作也好看新聞也好，常常都會忘記時間，找資

訊更如天馬行空，原來是找A的，一路看去，一定找到EFG，到後來甚至五花八門的和A完全不相干的HL去。

開始學電腦時，有近半年時間我得了「資訊焦慮症」。網絡上的軟性、硬性資訊應有盡有，何止幾百部百科全書！我夜夜上網到清晨三、四點鐘，總覺得千萬樣學問海一般深遠，世界這麼進步，自己什麼都不懂，心裡真的很惶恐。到後來知道選擇了，有時仍會上網好比放風箏，那條線愈放愈遠。

為了忘記帶護膝而沒上課，是沒有掌握其實仍然很有空閒的時間。什麼事都一樣，把握時間早準備，才能夠從容。

但是，至少，我從常是最後到的那一個，變成非但不遲到反而早到的那一個了。

洪老師帶著老花眼鏡，坐在教室開放式廚房的多元化黑木箱凳上，看一本印度瑜珈書。只有在他戴上老花眼鏡的時候，才能窺探到他的真實年齡，原來是坐四望五的人了！

瑜伽的生活態度及瑜伽教學已經成為洪老師的志業。這一陣子他正在研究中國經絡氣脈和瑜珈的共通點。他是在美國芝加哥出生的新加坡華僑，中文造詣不是太高，常常需要學生糾正他的用辭和發音。見到我，他說正在研究印度瑜伽的手印，他伸出結蓮花手印的左手說：「食指代表小我，大拇指代表宇，食指拇指相接，謙卑渺小的自我和宇宙混為一體。中指是「氣」，無名指是「神」，小指代表「精」。這和中國的氣功經絡學十指連心各有經脈相通的理論，很相近啊！」

洪老師幾乎沒有一天不在鑽研瑜珈，平時除了看書之外還

向其他的瑜伽老師學習，不定時則追隨那些享譽國際瑜伽大師的行蹤，到他國各地參加講學班。他集二十餘年芭蕾舞與現代舞的底子，嘗試著把各家各派的瑜珈體位法門，滲合一些中國太極拳與經絡氣功的精神，融會一體。這樣層出不窮的教學法，使得學生即使有時被操練到擠眉弄眼，仍然興致勃勃。

今天教的蓮花體位呼吸法，若是緩慢柔和地做，感覺特別好。

蓮花體位呼吸法

*1.*席地盤腿而坐，或是雙腿交叉兩腳放在另隻腿的膝下，雙臂下垂，兩手自然放在身側，靜坐，調整呼吸。

圖一

*2.*吸氣，將兩臂自身側舉起，兩手在胸前攤開，兩眼注視手掌如看鏡。

圖二

3.吐氣，拱背，手肘往外左右平伸至兩手中指相觸，手背併攏下探，手指分開往外伸張好比蓮根。

圖三

4.吸氣，挺背，兩手朝上提至面前，手根相靠，小指相連，拇指外緣相並，手指張開若蓮蕾初綻。

圖四

5.吐氣，拱背，手肘往左右延伸，十指相觸後分開下探，掌心朝內，低頭，手臂向前平伸至耳旁。

圖五

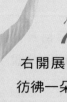

圖六

圖七

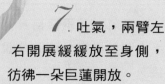

6.吸氣，手臂上舉，挺背，兩臂靠耳，抬頭仰望雙手，十指指尖相觸後，手若大蓮蕾。

7.吐氣，兩臂左右開展緩緩放至身側，彷彿一朵巨蓮開放。

早晨的陽光，自教室遮窗的竹簾間隙處、及懸籃垂掛花葉的疏影裡，水光波影似地灑入室內，我閉目隨著呼吸舞動手臂手指和身軀，冥想自己好似一朵又一朵的蓮花，優雅地在一池清水中綻放。

大安路上新開了一家有機食品店。真好。以後每次上下課路過，就可以帶些有機新鮮菜蔬等回家。初開始上瑜伽課時，晚間的課上完後，洪老師還親自下廚，為瑜珈教室的學生烹煮清爽美味的有機素食簡餐。我本來就吃得清淡，因此更是每週至少有三、四天吃素，加上每日在家調配飲用洪老師自創的、搭配了十五種營養要素的「God's Nectar」飲料，我的飲食更為素簡。有一日，己往不太吃肥肉的我，突然非常非常地想吃德國豬腳，一時引為瑜伽教室笑談，可見我有多久不知「肉」味。不到半年，我已是百分之九十的素食者，素食讓我覺得神清氣爽。

應該趕文稿，卻是不想動筆。最近常有即使剎那間文思泉湧、下筆卻常力不從心的挫折感。

上瑜珈課，洪老師常說：「不要忘記呼吸；除非老師特別指示，不要憋氣；呼吸要拉長，要緩慢，否則肌肉得不到需要的氧氣，容易酸痛；瑜珈是一種身心的平衡，盡量放輕鬆，若是緊張，呼吸太急促，肌肉會縮緊，勉強去伸展扭轉，容易受傷，心情也沒辦法平靜。」

Angel說：「不要給自己太多壓力，有時停兩天輕鬆一下，不要勉強自己，等感覺回來了再寫。」

確實有些壓力吧！唯恐不能做到承諾。弄得而身心都不自覺地緊張起來。要放輕鬆！於是，擺脫覺得自己太懶散的罪惡

感，整個下午和傍晚看看電視、看看書，很愜意。

有時給自己一點彈性空間是很需要的。

試著盤單腿靜坐了三十分鐘，心很定，腿有一點麻但不酸痛。不知不覺間，身體的鍛鍊經由每日持續不斷地做瑜伽，常有驚喜的突破，感到很安慰，到底沒有白花工夫。

睡前，關了燈，在隱隱約約的月光下，重複做著蓮花體位呼吸法，很簡易的動作，配合深沉緩慢的呼吸，冥想自己有若蓮花綻放，心情就寧靜喜悅起來。

"God's Nectar" recipe

材料（四人份）：

杏仁粉	3大匙
山藥粉	2大匙
花粉	2小匙
綠茶粉	2小匙
大麥苗粉	2大匙
小麥胚芽	1大匙
卵磷脂	1大匙
啤酒酵母	1大匙
膠原蛋白＋軟骨素＋固節靈	1大匙
鈣粉	1小匙
亞麻仁籽（需現打成粉）	1大匙
蜂王乳	1小匙
蜂蜜	2大匙
亞麻仁籽油	1大匙
南瓜子油	1大匙
燕麥奶	3 杯

做法：

所有粉狀的東西全都放入器皿內後，再放入蜂蜜等，最後倒入燕麥奶，邊倒入時邊攪拌，直到所有粉狀都溶化、顆粒也均勻後即可。

成分分析：

1.杏仁粉
主治外感咳嗽、便秘、咽痛、聲啞、支氣管喘息、諸瘡腫痛、芥癬、陰道滴蟲及外陰搔癢等症。

2.山藥粉
皮膚粗糙老化、黑斑、青春痘、老人斑、皺紋、毛髮老化、痛風、痠痛、消炎、更年期所產生的各種不適症狀及荷爾蒙失衡問題。

3.花粉
能強化免疫系統、延緩老化、提供情緒上的寧適感、調節腸道活動、改善食慾，並增進體能。需要特別注意的是，花粉的外殼會對消化系統造成傷害。

4.綠茶粉
綠茶可增加體液、營養和熱量的新陳代謝，強化微血管循環，減低脂肪沈積體內。

5.大麥苗粉
抗氧化活性成分不論對急性肝損傷或慢性肝病變，都有保護的功效。協助人體消除自由基。

6.小麥胚芽
含有豐富的天然維他命 E、B、C和鈣、鐵等礦物質，能使女性養顏美容，同時也提供給男性非常重要的營養素，維他命 B1、B2、B3、B6等營養素及礦物質鋅，可促進新陳代謝，增強體力。

7.卵磷脂
降低膽固醇，使神經活動正常，避免老人癡呆、自律神經失調症、高血壓等。促進毛髮生長，美化肌膚，防止皮膚老化。

8.啤酒酵母
植物性蛋白質、維生素B群、微量礦物質、食物纖維及酵素之營養補給。適合發育成長期孩童、懷孕與授乳期婦女、病後復原者、長期消耗體力者、功課及精神壓力大者和素食長期營養保健之用。

9.膠原蛋白＋軟骨素＋固節靈

預防胃潰瘍、便秘、更年期障礙、經期不順、提高免疫力、骨質疏鬆、軟骨退化、腰痠背痛、牙齒病變、傷口癒合、皮膚增加彈性、脫髮、延緩老化、過敏性皮膚炎。

10.鈣粉

人體中有99％的鈣存在於骨骼與牙齒中，其他的１％則分散於全身各處，這１％負責神經的傳導、肌肉的收縮、血液的凝固、心臟的跳動、荷爾蒙的作用等生理反應。

11.亞麻仁籽（需現打成粉）

亞麻仁籽含高品質易消化的完全蛋白質，包含維持人體健康的氨基酸，這些氨基酸人體無法自行製造，必須從飲食攝取，所以亞麻仁籽是維持身體健康的重要食物。

12.蜂王乳

增強免疫系統功能，防止老化，使肌膚光澤有彈性。調節內分泌、舒緩更年期症狀。

13.蜂蜜

補脾腎、潤腸、潤肺、解毒、殺菌防腐等功效。

14.亞麻仁籽油

是強力的抗氧化物及抗癌物，特別是乳癌、攝護腺癌、大腸癌。

15.南瓜子油

含必需脂肪酸、胺基酸、礦物質及維他命。有利尿功能，可減輕前列腺腫大。含有白胺酸，可以減緩憂鬱症，同時多吃南瓜籽油可以預防腎結石。

16.燕麥奶

可促進腸胃蠕動，調節腸內菌叢生態、軟便及調節血糖等生理作用。水溶性膳食纖維，能降低血中膽固醇濃度，減少心血管疾病。

（資料提供／洪光明 ）

21

September

導氣令和引體令柔

　　自古以來，東方世界重視呼吸為一門科學的，一是中國的氣功，一是印度的瑜珈呼吸術（Pranayamas）。中國道家氣功講究「導氣令和，引體令柔」，2002年在湖南長沙馬王堆出土的西漢時期古文物中，那幅膾炙人口、西元前三世紀繪製在絲帛上的彩色導引圖，可說是現存最早的運動繪圖，也證實了遠在二千多年前，中國就盛行這種呼吸和體操並行的健身法。

　　所謂導引，「導氣令和」是主要部份，從呼吸吐納講求養氣安神。「引體令柔」是輔助部份，以肢體運動來配合呼吸吐納，刺激身體的穴道和經絡，加強血脈循環，使血液所需的氧氣得以適當地補充，並且加速廢氣及有毒物質的排除。

　　中國近代甚被尊崇的道家學者南懷瑾，延伸中國氣功中所指「氣」的意涵，引用宇宙物理的「光」「熱」「力」作比方，解釋何謂精、氣、神：「精」是生命的「熱」，人體生命的快樂感覺是從「精」而有；「氣」是「力」，意志的堅定和毅力的光明，是從「氣力」充沛的功能所發生；「神」是「光」，智慧的敏捷和超穎，是由「神」的定靜而來。

　　中國道家以呼吸平和為體，身體柔軟為輔，精、氣、神各自到位，身強而心安寧。這個道理，訴諸瑜珈，不謀而合。

　　瑜珈認為呼吸是生命的源流，深沉緩慢的呼吸可以滋養身

體，安神益智。反而言之，不正常或不正確的呼吸方式，會導致心智渙散、身心不平衡，終至衍生疾病而影響健康。

　　向瑜伽老師借了那本印度瑜伽書，又參考了書櫃裡二十餘本瑜珈書，發覺有幾種瑜伽呼吸法，有益心身又簡單易做。可以輪流替代最近偶而為之的大圓呼吸運動及大呼吸運動，每日早起做完十五分鐘「墊上瑜伽六式」之後，再做五分鐘呼吸運動。

安心寧神的腹式呼吸

　　仰臥，雙臂擺在身側，雙手交疊，輕放在肚臍上，吸氣至小腹隆起，感覺下肺部充氣；吐氣，從肺部自然收縮，收小腹；重覆呼吸五至十分鐘，意念放在肚臍因吸氣與呼氣的上下起伏。可以安神舒壓。

解慮的蜜蜂式呼吸

1. 坐姿。拔背鬆肩，下巴向喉部微收，調整姿勢至舒適的狀態。
2. 舉雙手至雙耳邊，以食指輕壓耳蒂，閉目，平和深沉緩慢吸氣。
3. 徐徐吐氣，輕哼「hum」聲，靜心聆聽頭顱內聲音。
4. 重覆呼吸三、四分鐘，每日三兩次，是瑜伽鎮靜劑。

解慮的蜜蜂式呼吸

1. 舒適坐姿。雙手輕放兩腿膝上，閉嘴，自鼻孔緩緩吸氣。
2. 吐氣，張口，伸舌，盡量將舌伸向下巴，同時發自喉頭作「啊」聲，兩眼仰望內視兩眉中心所謂的「第三眼」，放鬆身體。重複五至八次。
3. 常做可以使面部肌肉回春，並且促進你自我表達的信心。

鼓舞自我表達的獅子吼

1. 舒適坐姿。雙手輕放兩腿膝上，閉嘴，自鼻孔緩緩吸氣。
2. 吐氣，張口，伸舌，盡量將舌伸向下巴，同時發自喉頭作「啊」聲，兩眼仰望內視兩眉中心所謂的「第三眼」，放鬆身體。重複五至八次。
3. 常做可以使面部肌肉回春，並且促進你自我表達的信心。

讓你精力充沛的能量呼吸

1. 盤腿或是兩腿交叉靜坐，意守呼吸及脊椎。擴肩，面部放鬆，眼睛注視鼻尖或閉目，兩手手指相觸，掌心向上如捧杯，放在小腹前。（圖一）

圖一

2. 吸氣。兩手相疊上抬至胸口（圖二），手肘左右平伸至兩手中指相觸（圖三），手臂上抬至與肩平，兩手自喉前緩舉至面前，內視冥想面部表情安寧，口角上揚微笑。

圖三

3. 兩手自面前左右伸開，兩臂往上斜舉至四十五度，手掌向上，冥想能量自頭頂中心百會穴，沿脊椎一瀉而下並且滲透體內的每一個細胞。靜止，作三次呼吸（圖四）。

圖二

4. 吐氣，倒退重複吸氣時的動作，至兩手指尖相觸輕放胯上。靜止，作三次呼吸。

圖四

5. 深沉緩慢吸氣時挺胸，徐徐吐氣時收小腹，意念追隨呼吸的過程。一次循環之後自然呼吸三次，重覆三至五分鐘。

　　過去的一星期，其實我蠻紮實地做到了每天晨起後，做十五分鐘的「墊上瑜珈六式」。我一個星期至少上五至六次瑜伽課，長年累積的身體障礙，卻不是三兩個月就能克服，每日痠痛難免，尤其晨起，即使常能一覺睡足六、七小時，醒來仍會感到肢體僵硬酸疼。

　　「墊上瑜珈六式」本來不是我這六十天實踐期該做到的目標之一，近日，重新復習了一些容易做、經過多次實際體驗有效的、綜合各家的晨起「墊上瑜伽六式」，覺得很有用，再加上五分鐘的呼吸運動，做完後，軀體柔軟不再痠痛僵硬，心情也奕奕有神起來。

墊上瑜珈六式

第一式：安心寧神的腹式呼吸

第二式：彎體擴肺式－增強加肺活量，柔軟腰部肌肉，刺激腋下淋巴腺，美化腰部、手臂、及頸項線條。

1. 身體平躺，手臂放在身側，吐氣，右手沿大腿往下探至膝蓋窩上方，同時將頭部與腳往右彎，左臂貼地畫圓越過頭頂右彎。

2. 擴展左胸，把右手放在肚臍上，深呼吸十次，意念守住肚臍起伏。

3. 換邊作同樣動作。左右交互作五次。

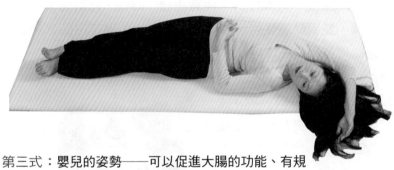

第三式：嬰兒的姿勢──可以促進大腸的功能、有規律地排便，有排毒淨血、美膚的功效。

1. 仰臥。雙臂平放在身側，吐氣，彎曲右膝，腳跟著地；吸氣，伸直右腿，同時舉左臂越過頭部伸直靠地，掌心朝上；另一邊重複同樣動作為一次，共作五次。

$2.$仰臥。彎曲右腿與地面平行，用力吐氣時盡量縮腹，兩手抱右膝貼腹往胸口拉，靜止，做三次呼吸；吸氣，將身體逐漸回復原位。換左腿，重覆同樣動作。左右交互作五次。

$3.$彎曲雙腿與地面平行，兩臂抱腿；縮腹，吐氣時，雙手抱住腳踝，雙腿貼腹往胸口拉，提起上半身，將下巴貼近膝蓋，保持此姿勢，做三次呼吸。吸氣，上半身將下巴貼近膝蓋，保持此姿勢，做三次呼吸。吸氣，上半身後躺躺，放下手臂與兩腿，全身放鬆。重複此動作五次。

第四式：橋式－柔軟脊椎，促進肩部血液循環，有消除肩痛，強化腰力、腹力、膝蓋力的功效。

1. 仰臥，兩腳靠近臀部，彎曲兩膝並分開與肩同寬，腳跟微微向外，兩臂伸直放在身側，吐氣時縮小腹。

2. 吸氣，舉雙臂伸直過頭部；吐氣，兩臂畫圓放下至身側，抬高骨盤。做五次呼吸。

3. 吸氣，舉臂過頭，放下骨盤。重覆此動作三次。

第五式：魚式－放鬆頸部肌肉，刺激甲狀腺、扁桃腺、預防感冒，還可以美化下巴及頸部線條。

1. 仰臥。調整呼吸後，吐氣，雙腿併攏，雙手握拳。

2. 彎曲手肘，肘部著地，撐高胸部，頭後仰頂地，初做時，胸部大多無法撐得夠高，不要勉強，多做待背脊頸項柔軟後就可以撐得高些，頭也可以越往後仰。吐氣，靜止，做五次呼吸。

3. 重複三次。

第六式：蝴蝶扭轉式

1. 仰臥，調整呼吸。吐氣，曲腿，雙手抱膝貼腹往胸前拉，同時抬起上半身，將臉貼近膝蓋。

2. 吸氣，上半身回復平躺，兩臂左右伸張與肩平，兩腿曲膝張開如蝶翼，兩腳腳心併攏。

3. 吐氣，肩膀不離地，扭腰並抬起右腿左彎向左腿併攏。靜止作五次深呼吸。

$4.$吸氣，右腿往左手延伸直至碰觸左手，膝蓋打直如圖四。
保持此姿勢，做五次呼吸。也可以嘗試右手抓住右腳做五次呼
吸，如圖五。

（圖四）

（圖五）

$5.$另一邊重覆3、4同樣動作，為一次。重
複五次。

　　晨起「墊上瑜珈六式」活絡柔軟了頸、肩、腹、背與四
肢，促進肺功能，按摩了五臟六腑，並經由深沉的呼吸，排毒
且讓體內細胞充滿氧氣。接著再做五分鐘的能量呼吸運動，就
此又開始生氣勃勃而清新的一天。

23

FRIDAY

September

瘦腰減腹又好眠

相識的著名服裝設計師，這幾天在她的工作室有STAFF
SALE，所有的衣服裝都打七折。朋友傳了簡訊告知。打電話給
她，她說：「啊呀！妳破功了！」。

「我沒有破功，」我對她說：「我只是不打也不接聊天的電
話呀！何況我有可能穿她的衣服拍書中做瑜珈的照片。這也是
與寫作有關連的。」

因為寫作進度慢。我進行半閉關，除了家人，不打電話不
接電話聊天，也不寫閒聊的MSN；除了上瑜珈課及日常生活必
要的行徑，不社交、不參與其他活動。為了完成自我對於「第
三個六十天－實踐期」的承諾、達到既定目標，我必需採取較
激進的行動，主要是在約束心情能夠儘量全力投入。

結果，買了十件。兩套輕便褲裝、兩件緊身線衫、一件薄
棉背心式Ｔ恤、一件白襯衫、一條長褲、一條七分褲。搭配著
穿，很實用又好看，還打了七折。

樂的是，我竟然可以穿四號了，更有理由獎賞自己。「無
磅秤無食譜減肥」宣告第一階段目標己經達成。第二階段是要
能潛意識控制飲食份量，不吃零食，晚上八時以後不進食，勤
做塑身運動。我有大、中、小三號尺寸的褲子，目前，是介於
中、小兩號尺寸之間的狀況。再更進一層努力，少吃多動，很

快地，我就可以穿得下我的第三號小尺寸褲子了。

中國古時兩個大美人楊玉環與趙飛燕，「環肥燕瘦」，我雖然不羨慕今日風靡一時的燕瘦型時尚模特兒，環（中環－乃指腰腹是也。）肥實非我樂見於己身。

身材能在兩、三個星期中從六號尺寸變成四號尺寸，除了每天多做二十分鐘「起床墊上六式」瑜珈之外，多年前在北京遇到的一位氣功師夫教我的「運腰揉腹功」，也是我每晚睡前在床上必做的。本是益腎養脾胃、強筋壯骨、補氣安眠的功法，對瘦減腰腹竟然有立竿見影的功效！

突然想起六十年代時台灣的一位燕瘦型資深名模，曾經告訴她的學生，她之所以能夠維持苗條身材十數年如一日，主要是靠著一年三百六十五天，不分春夏秋冬日日穿著束身馬甲，把胃縮小，就不會多吃。在法國路易王那年代，法國女人不是都穿束身馬甲麼？印象最深刻的還是經典電影《飄》裡，費雯麗飾演的十六歲郝思嘉，穿不下舞裝、抓著床柱，要黑嬤嬤幫她抽緊束腰馬夾帶子的那一場戲。

高中時細腰一握，一條小手帕還可以打一個結，實在是瘦之外，多少受了曾經是我偶像的郝思嘉的影響吧！雖然沒有束腰馬甲，穿制服裙腰必需的皮帶，也很有用。

到了這個年齡，「環肥」除了不美觀之外，還潛藏著許多使身體不健康的因素，容易罹患癌症是其一，容易罹患心血管疾病是其二。不得不起而去之。拿了一件三號褲來試穿，好耶！可以拉得上拉鍊了！！以後一星朝我要天天穿上三號褲，只吃七分飽，勤做晨起「墊上瑜珈六式」，再加上入寢前的「運

腰揉腹功」。

月底交初稿給Angel時，我要對她說：" Eat Your Heart Out! I Did It!!" 沒有量體重，也沒有刻意節食，但是，Hey！我若能夠寬舒地穿上三號褲，一定至少又減掉了一公斤！

運腰強筋

1. 站立，兩腳分開，與肩同寬，全身放鬆，自然呼吸。

2. 兩手叉腰，以腰為軸，向右旋轉36次，重複向左旋轉36次。

3. 兩手擦熱，由上而下，搓摩腰部兩腎區，至發熱為止。

捏拿拍腰

1. 平躺。身體向右側轉，兩肩與左手肘自然著地，一邊用右手往內捏拿腰際贅肉，一邊用左手在腰際贅肉兩側拍打，一捏一拍算一下，捏拍一百下。換邊做一百下。

揉腹壯氣

1. 平躺，作深度腹式呼吸十次。自然吸氣，吐氣時縮小腹，盡力將廢氣吐出，意念放在肚臍的起伏上。

2. 自然呼吸。右手放在肚臍下方四寸處（中脘穴），自右向左旋揉36次，再在臍部自左向右旋揉36次。

3. 重覆三次。揉腹時，手掌稍微使力。

24

SATURDAY

September

我給自己八十五分

　　我的「第三個六十天－實踐期」官方說法還剩下七天。回顧當時階段性的四項目標，我給自己打了八十五分。

　　七月中有兩個星期因為參加Laura的婚禮，我人在歐洲，返台後仍為蕁麻疹所困擾、加上時差及情緒方面的調整等，幾乎化了一個月的時間調適。所以，非官方說法，我應該多給自己至少三個星期的時間，來完成我這三個六十天的階段性目標。

　　當初的預設目標有四個：

　　1.依照時間表作息。
　　2.完成本書的初稿。
　　3.減重兩公斤。
　　4.每日閱讀二小時。

　　目前，我六時起床、不超過十二時入寢已經習以為常，儘管有時晚上睡不好或是失眠，即使沒有撥鬧鐘，幾乎每日六時準時醒來。飲食也算得上定時。

　　每週至少上五次瑜珈課之外，近來又加做了晨起後的「墊上瑜珈六式」，及入寢前的「運腰揉腹功」，這不在原訂目標之內，績效卻是彰顯，衣褲顯然寬鬆了許多，精力也日漸旺盛。

無論在課堂上和家中，我都很小心謹慎，避免因為過度的肢體伸展和體能鍛鍊而受傷。

　　練氣功或是印度「拙火」瑜珈的人，都知道在鍛鍊過程中，會有階段性「病灶」的情況，次第出現。譬如肢體曾經受傷的人，練功初時會引發舊傷；而有潛隱宿疾的人，身體也會以不適或疼痛突顯警訊。這彷彿是黎明前的黑夜，逐漸自覺的身體在康復之前找出弊病的因應。

　　於是，每一種新的伸展和鍛鍊，都會給被喚醒那部份沉睡已久的身體，帶來新的酸痛與僵硬，也會因此影響到我的精神狀態和寫作情緒。大致說來，每十天中，有三天會是生理和心理兩方面的停頓期。生理上要克服身體的酸痛僵硬，與因之而來的精神不濟；心理上要調整情緒的高低起伏，與因之而來的消極挫退。

　　有位「太極導引」的名師在他的教室順帶銷售外部擦用的止痛藥水，可以讓學員舒解因練功而發作的酸痛，可見作深度伸展會有一定情況的疼痛。我的身體年久失修欠缺維護，自從開始上瑜珈課以來，幾乎日日與疼痛為伍，但是，我不曾吃過一顆止痛藥，也不曾擦過任何止痛藥水，這是該加分的。

　　該扣分的主因則是，書稿寫了五萬字，與我預期進度的七萬五千字有一些差距。我過分樂觀，低估了寫作時「眼高手低」的困難度。但是，預訂交稿的日期在十月底，十月初交初稿仍然可期。

　　沒有磅秤，不能確知我是否又再減重兩公斤，應該所差不多。

閱讀則是我一向樂而不疲的。每週一期的「大師輕鬆讀」文摘，雖然絕大部份是產業企業的經營管理之道，卻讓我觸類旁通領略了許多如何經營自我人生的道理；上網讀報讀各類文章找資訊是我的例行功課兼娛樂；看電視電影則是我的調節劑、我的甜點，放鬆我的精神狀態，也因為電影中的悲歡離合而時有醒悟。

　　六個月以來，我從規律地上瑜珈課做起，，推動遵循時間表的日常生活作息；以寫作為激勵自我的內心對話；以閱讀鑑取他人的經驗、開拓視野與心靈領域；我嘗試從根本洗滌身心，期望能再次重新成長。

　　第一次三個六十天的自我革新，目標即將達成，我很興奮，因為，這只是我嶄新的生命季節週而復始的第一個開端。

25

September

落日餘暉

　　今天是我阿姨生日。我的阿姨不服老，拖了兩年，她在前年才肯承認自己已經八十歲，讓大家替她做壽。

　　很久以前，帶了才六歲的Eric和四歲多的Laura去華盛頓州的King's Dominique遊樂區遊玩，拍了照片寄給在台灣的阿姨看，她回了信說：「妳真是徐娘半老風韻猶存啊！」那年，我才三十四歲。

　　而我老天真、老頑童的阿姨，至今還未從她口中聽她說過自己一個「老」字！她自美國（沒錯，現在是我在台灣，她在美國，「人生動如參與商」啊！）打電話來時，常聽她很興奮地說：「今天碰到×××，他說我怎麼這麼年輕！看起來只有六十歲！」，我喜歡潑她冷水逗她，總會說：「那我就只有三十八囉！」

　　去年，她回上海渡假，重慶的表舅公要接她去玩，她與小表姨在家門口等車來接去機場，興高采烈地在小陽台上扭來扭去跳FOX，不料，往後退一步時，腿一軟，跌了一跤，這下可好，把左手臂連接手腕的一根骨頭弄骨折了，當下樂極生悲，送去急診打石膏。重慶當然沒去成。

　　我趕緊做機會教育，請她老人家以後舉止收斂些，到底有這個歲數了，少耍點小把戲。她還不情願聽。一個半月之後，她如期與朋友去南美洲遊cruise，在樓梯上一腳踏空又摔了一跤，好在只擦傷了膝蓋和手肘。這回只得承認行動確實沒有那

麼俐落了。

　　我阿姨當年帶著外婆與我，隨她任職的空軍來台，那時她的初戀男友在香港，他不能來台灣（後來才知道他曾加入共產黨），我阿姨攜老帶小，也不能放下不管去香港，兩人情事就此蹉跎。男友娶妻生子，她卻終身未嫁。她大半輩子在空軍服務，後來替駐台的美國空軍工作，退休後，因為美國空軍的優惠政策，移民美國。

　　她初到美國時，到我康州小鎮的家住了一陣。她每日坐在廚房裡，看著落地窗外連著後院近千畝的保護林，總會說：「這麼冷清的地方，連個人聲都聽不到，日子怎麼過啊？！」住了兩星期，她實在閒不住，就去紐約找朋友了。後來，在一家紐約市區著名俱樂部的櫃檯打工。我爸媽從大陸赴美，先是和她住一起，後來就住在同一棟公寓裡。我也真佩服她，個子本來就不高、愈老愈縮、小小個子的她，這一打工打了二十來年，三年前才決定不做了。

　　她真的閒不住。每週二學書法，週四學畫畫，這兩件事最重要，即使我一年一次去紐約探望她和我媽媽時，她也一定得去上這兩堂課。定期定時看醫生，一星期打一、兩次麻將，也是她的例行公事；還有迎來送往的、總有這裡那裡的老友、或來自上海及大陸各地的老同學到訪紐約，就會在她的小公寓打尖；加上她平日就熱心，把別人的事當作自己的事一般，連帶人去買墓地這檔子事都義務做了好幾椿。小小個子的她，是個 **Power House**，總見她忙進忙出的，一年還安排出外大小旅遊個三兩次，把自己的生活弄得很忙碌。

我媽媽就遠不如她這唯一的妹妹灑脫，兩人個性迥異，外型也相差甚遠。我媽年輕時，個子高眺纖瘦，當年脂粉不施、只穿一件淺藍陰丹士林布旗袍，抱著我大姊在馬路上走，還有美軍軍官從吉甫車上跳下來替她拍照，那張照片已經泛黃，但是即使以六十年後的現代眼光來打量，我媽媽還真十足是個美人胚子。

　　我阿姨常會嘻嘻哈哈打鬧著說：「妳老媽啊！從小就是大美人！不像我，是個醜八怪！」她自小好玩性子野，愛扮成男裝方便她跟男生玩耍，外公外婆沒有兒子，也就由她高興。初中時，她去露營，住男生帳蓬都沒露餡兒，許久之後她改穿女裝，同學才知道她是女生，都驚嚇不已。她大小厚薄幾十本照像簿裡，有兩張小照片，剪了短髮穿男童軍裝照的，還有一張推著一部腳踏車，完全是個小子模樣，真是絕響。

　　我阿姨當然不是真的醜，手輕時候挺細皮嫩肉的，又十二萬分的上像，看照片還真有明星臉。直到現在這把年紀了，仍然最愛拍照，每次我去紐約，她總會拿幾疊新拍的照片給我看，得意洋洋地說：「妳看！拍得好吧！那看得出我的年紀啊！」

　　比較起來，我媽就挺含蓄了，禮數很多，誰去看她都唯恐招待不周。她和爸爸倆人伉儷情深，七十多年的夫妻，這輩子大小事都是我爸照顧著，兩年半前爸爸過世之後，她日日思念爸爸，很少看到她真正開懷笑過。即便是參加Laura婚禮，她也是強顏歡笑，直到婚宴過後的舞會裡，Eric堅持邀她跳一支舞，她在舞池裡和外孫跳著跳著，才真的高興起來。

　　第二天去附近的名勝小山鎮The Village Of Eze，本來說好

由我陪著她在山腳下逛逛的，她堅持要爬到最高點，腳步很快，說是要比先走的阿姨和我弟妹先到，我不時緊張地拉她停下來休息，唯恐她有問題的心臟突然衰竭，卻第一次聽到我文雅多禮的媽媽說：「我向來就不服輸的。」到了頂點，她又拉著我的手說：「這次能夠來參加妹妹婚禮，真不容易啊！我真的好高興，只是我免不了會想，如果爸爸也能來，他一定會開心得不得了。」

我媽媽很疼愛子女，但是，爸爸才真正是她的生命重心和生活中心。爸爸在世時，常會眯著眼笑孜孜地，一邊叫著我媽當年唸英文學校時用的名字：「Noilie！Noilie!」，一邊用手指輕彈她的鼻子，並且老說倘若不是媽媽當年送了他一刀（他肚子不舒服，我媽硬逼著他去檢查，結果發現是胃癌開刀動了手術），他的一條命二、三十年前就沒了。

三、四年前，我媽讀高中時的一個姊妹淘找到她，數十年不見，昔日閨中好友已是巴西當地華僑首富之家，我媽只為她高興，卻一點也不羨慕嫉妒她。

我媽未婚前，常陪外公出外應酬，十七、八歲年紀，一襲喬其紗絲絨旗袍外罩一件貂皮大衣，富家小開們都是由司機開著汽車跟在後面追的。嫁了我爸，沒過多久好日子，因為我爸當年捨棄來台灣的機會，留在大陸卻揹上黑五類的罪名，遊街掃廁所，有許多年她跟著吃了不少苦。到美國後，她和爸爸自力更生，多少還幫助後來的弟妹們，日子過得雖不富裕，她卻很知足，總說：「妳爸爸人好，對我是真的好，你們幾個孩子也都很好，我這一生沒有什麼遺憾。」

Laura婚禮時，我媽媽一頭銀白頭髮配一套米色褲裝，我阿姨一頭銀灰頭髮配桃紅套裝，依舊很標緻，在法國宮殿式花團簇錦的幽美庭園裡、酒醲鬢香的眾多賓客中，毫不遜色。兩個八十幾歲的老婦人，過了三分之二世紀的人生雖然平凡無奇，但是經歷過中國人戰亂年代的滄桑，年少時的富貴不再，卻從未怨天尤人，正如上海人說的：「背脊骨畢挺」一輩子，到現在這把年紀了，不但從來不是任何人的負擔，還會照顧幫助別人，做一世人活得既正直又極有尊嚴。

　　窗外，淡淡的金黃色落日餘暉，讓人感到很溫暖。想起每次到紐約，我媽總是唯恐餓著了我，拿這拿那的要我吃；我阿姨總是唯恐累著了我，做這做那的不讓我費力；我突然非常想念起她們來。

September

紓解壓力養顏回春的
五分鐘DIY按摩

　　今天整理檔案，又找出了一些筆錄，是有關可以紓解壓力的頭臉部按摩功法，很容易做，我曾經試過一段時間，很有效用。以後要在「運腰揉腹功」之前做，除了紓解壓力之外還可以養顏回春。

　　人的頭部和臉部控制了人的意念、視覺、聽覺、嗅覺和味覺，是人體與外界溝通並且暴露在外最常久的部位，也最先、最容易顯現出承受壓力留下的痕跡。壓力會使頭皮，眼睛、下巴、及嘴部的肌肉與神經緊張，而引起諸如頭痛、掉髮、眼睛疲勞以及肩頸或其他部位的不適。面部肌肉由於常受壓力及情緒的影響而牽動，更要付出皮膚失去彈性、臉色灰黯、皺紋叢生等的提早老化的狀況。

　　小時候看童話故事，很愛慕童話裡金髮及地的美麗公主，也學著每天在睡覺前解開長辮子，梳理頭髮一百下。原來，還真的有道理。

　　除了梳頭的時候，頭部是很少被觸蹬的地方，也因此很少人注意到頭皮會因壓力而緊迫，因之壓抑輸送到髮根的血流，使頸髮缺乏養分而枯乾；頭皮連接面部及後腦勺，緊繃的頭皮是引起頭痛和偏頭痛的原因之一；臉部也佈滿胃神經的經絡；眼旁童子膠穴位是膽經的起點等等。

　　總而言之，放鬆按摩頭皮和面部肌肉，可以舒解壓力、減

輕頭疼、偏頭痛、鼻塞、眼睛疲勞酸澀、甚至可以降低血壓，
實在不容忽略。

梳髮

1. 正坐，全身放鬆。雙手十指張開，指尖稍微著力，從前額髮際線，往腦後緩緩梳理頭髮。作五次。
2. 用指尖畫圓按摩頭皮，在有痛感處多揉幾次。
3. 再用兩掌掌心按摩頭皮，包括頭部兩側，輕壓旋揉。
4. 再次用手指梳髮，次第抓一束頭髮，在髮尾處稍微使力拉扯。可以刺激強化髮根。
5. 兩手四指微屈並攏，用指尖在耳上頭側，從額角向腦後摩搓，呼氣時向腦後掃 5 至10次，吸氣時暫停。做 7 次
6. 用十指指尖輕擊頭部。促進腦部血液循環，激發全身能量。

浴面

1. 用手指指尖輕壓面部，尋找有無痛點，在痛點按壓三下。
2. 由下而上輕拍面部，痛點處多拍幾下。
3. 練習作多種面部表情，譬如張大口、嘟嘴、擠眉弄眼、皺鼻，作獅子吼等等，拉扯然後放鬆面部不同的五十幾條肌肉。
4. 浴面。用兩手掌心從額上向兩側再向下搓摩。從鼻兩側反轉向上搓摩24次，再由上往下搓摩24次。

推額

1. 兩手食、中、無名指並攏，用指面從兩眉中心向前髮際獻直推24次，然後再自前額中點向兩兩側分推24次。
2. 以中指指面按太陽穴，向外揉轉24次。

3.用左手無名指及中指指面，按壓兩眉之間印堂穴位，作三次呼吸。
4.用兩手掌心輕拍前額及太陽穴週遭。

按目

1.用兩手拇指按壓眉頭眉骨下方凹處晴明穴位，作五次呼吸。
2.閉目，用食指與中指指面按在眼皮上，作小圈輕揉眼球。
3.兩手摩擦至熱，閉目，兩手掌心按在眼上，作五次呼吸。

洗鼻

1.食指中指並攏，以指面在鼻樑兩側上下摩擦24次，按壓鼻樑中段凹處的鼻
通穴，作三次呼吸。
2.以食指指面按壓鼻翼旁凹處之迎香穴，作三次呼吸。
3.以拇指指面推壓兩旁顴骨中心點下方，作三次呼吸。
4.用手指上下輕輕搓摩面頰24次。再輕拍臉頰。

揉耳

1.以兩手之食指與拇指，捏住耳垂往下輕扯，再放鬆。重覆僅五次。
2.以中指在耳背自上往下按壓，重覆三次。
3.以拇指及中指輕捏耳輪，順耳輪自上往下輕輕捏揉，重覆三次。
4.以兩手掌心貼住耳朵，閉目。享受寧靜與放鬆且充滿能量的感覺。

27

TUESDAY

September

一張生日賀卡

　　Laura打電話來：「哥哥生日，妳沒忘了打電話給他吧？！」

　　她最擅長網上郵購，舉凡打折扣時搶購最Hot最In的護膚保養品，到購買當季名牌內衣褲，到預訂spa旅遊package，以致到各式各樣花卉餅乾蛋糕大小禮品，甚至準備若干婚禮事項、替她遠在紐約的三個伴娘訂製禮服、搭配頭飾、耳環等等，她都儘可能以搖控方式下單mail-order。「我天天都忙，幸好有mail-order，省了我不少事。」她常常這麼說。

　　Eric為了休息辭職，四處旅遊大半年之後，正在等待合適的工作。「我替他訂了舊金山一家spa的message禮券，還有一個漂亮的日本漆盒、裡面裝滿了小點心。他可以去spa放鬆一下舒解壓力，然後回家吃點心。」雙魚座的女兒有很浪漫細緻的一面，我這魔羯座的媽媽在送禮物這一項，遠遠不如她有創意。

　　送了兒子一張e-card，幾隻戴了墨西哥帽隨著音樂跳舞的紅辣椒，帽上寫了Chill（cheer）out的字樣，給他打氣。在卡上我寫了短短三行字：

"MAY YOUR WISHES COME TRUE !
HAVE FAITH IN YOURSELF AND RESPECT YOURSELF,

THEN OTHERS WILL FOLLOW SUIT. "

上網訂購了一台目前超風行的全營養食物調理機，想想他自從上大學起不是外食就是自己料理三餐，很覺得心痛，這台調理機方便好用，又可以調理營養又美味的食物，希望多少彌補一丁點兒多年來我不能在旁照料他飲食的遺憾。

現在，每當聽到別人誇讚我的子女，說我教養有方，還真讓我覺得十分慚愧。

以前可不是這樣，總覺得自己是個愛護子女的好媽媽。近幾年來知道自省，才恍然大悟，我廿六歲及四十七歲時兩次走出婚姻，年青時的無知與衝撞、年近半百時的任性與獨斷，使我一再未能明智地了斷一段對於兩個成人來說，已無意義的婚姻，而無可避免地讓我的子女尚在成長的心靈上，受到也許是無法彌補的傷害。

我的大兒子Jimmy與大女兒Green在五、六歲的幼小年紀就與我分離。Jimmy現在常有和我通話來往，雖然有時也能談心，他仍舊免不了心結糾纏吧！Green卻因為十年前一次誤會至今不相往來；Eric和Laura很貼心，但是長久以來，每年只有幾星期的短促相聚，多少也造成了一些親子關係之間的生疏與隔閡。

曾經，自覺虧欠子女的內疚，是唯一真正讓我痛心疾首的事；子女對於我的期待與期盼，也成為我潛意識中感到難以承受的負荷；這樣兩極化的矛盾衝擊，歸根究底可以說是長期以來讓我消沉沮喪的根本溯源。

前幾天，清晨醒來，猶記得午夜夢迴十分感傷，夢見了什麼卻完全失憶，只是，剎那間，突然醒悟到，十幾年來，在當今這個價值觀念混淆、道德觀念低落、以年輕青春為訴求、職場的世代更替凡事講求快速、不斷更新到除了互利少有情義可言的社會裡，我能夠單槍匹馬自力更生，除了有三、兩個舊雨新知無代價的相助，以及巧逢時機的幸運之外，我真正的精神支柱，就是我獨立自主地成長、不斷積極而努力造就自我的子女。

　　四年前，與寶年又隔多年後再見，她笑著對我說：「真好啊！經歷這麼多事，還這樣有光彩，背挺得很直！」當時聽了，我還免不了有些沾沾自喜。

　　現在才醒悟，這麼多年來，我的子女抬頭挺胸，雖然偶有顛沛卻是誠實無畏地，走在正直的人生道路上，原來，這樣的他們，正是我沉默卻堅毅不拔的靠山啊！

　　也許，不止是今日，此後我可以送給子女的，將是無私的關愛、珍惜和感謝吧！

洗衣店牆上的兩句箴言

住在紐約州**CHAPPAQUA**鎮（目前美國前總統克靈頓夫婦在此定居）的時候，常把衣服送到一家義大利人開的洗衣店去洗。這家位於鎮上大街中心位置的洗衣店，小而老舊的店面，與這個離紐約曼漢頓區只有四十五分鐘車程的時尚小鎮，不是很搭配，但是在與老闆**Frank**同名的洗衣店中，一排排可以輪轉的衣架上掛著的，可全是響噹噹的名牌衣服。

Chappaqua環境幽靜，居民百分之八十五具大專以上教育程度，至少有一半以上都是通勤紐約的所謂**professionals**；當地的高中是全美公立高中評等前十名之一，鎮上房地產非常搶手。**Frank**除了擁有自家的洗衣店店面之外，相連的幾家平房店面也都是向他承租的，聽說房地產經紀公司接受委託再三找他出售或合建大樓都被拒絕，我忍不住問他為什麼不會心動？

「這家洗衣店和那些店面是我爸爸留給我的，它滿足了我生命中所有的需要，我在店在。那天我走了，就讓我的孩子們去決定吧！」窗外，一輛腥紅色**Ferrari Testarossa**呼嘯而過，**Frank**伸頸探望了一下，推推架在鼻上無支腳的老花眼鏡，搖了搖頭說。

在**Frank**洗衣店的牆上貼了兩張紙，一張上面用紅色**Marking Pen**寫了一句話："Live Every day like it is your last day." 我問**Frank**他認為這句話的涵義是什麼？

「如果今天是妳生命的最後一天，妳要做什麼？」他反問我。

「若是我真的知道自己只剩下一天的生命，要做的事太多了。更何況這事很難假設。」我說。

「只要告訴我，妳第一個念頭想到什麼？」他說。

「我要一整天和我的孩子開心地相處，帶他們去吃我平常不太讓他們吃的炸雞和漢堡，帶他們去紐約逛第五街幾層樓高的大玩具店，看電影，晚上抱著他們說床邊故事說到他們睡著，然後，一直看著他們睡覺。」我脫口而出，話還沒說完已經熱淚盈眶。

「Come on, Come on, Sweetheart，妳多麼幸運啊！有這麼可愛的孩子。多多寶貝他們，不要等到最後一天啊！」Frank摟著我的肩膀拍拍我這麼說。

昨天，接到朋友的e-mail，轉寄了一篇蘋果電腦創辦人史帝夫‧賈伯斯今年五月在史坦福大學畢業典禮的致詞文。賈伯斯說他在十七歲那年讀到的一句箴言，對他有很大的影響，那句話的意思大約是：" If you live each day like it was your last, someday you most certainly will be right." －「如果你把每一天都當作你生命中的最後一天，你終會有作對的一天。」

「三十三年來，我每天早上起來都會對鏡自問：如果今天是我的最後一天，我還會去做我本來要去做的事嗎？」傑伯斯說：「如果我的回答持續一些日子都是NO，我知道我必須改變某些事。」

要怎樣過每一天，當作那是生命的最後一天？！感恩珍惜所擁有的？不做悔之莫及的事？放下計較分別以愛心對人？只做有意義的事？只做自己愛做的事？

「只做能夠增進生命意義、增加生活價值的事。」我曾經對此後的人生茫然疑惑不知何去何從，一位學佛法的朋友這麼回答我。我依然對此後的人生茫然疑惑，但是這一句話，至少是一盞引路燈。我將每天對鏡自問，但願我終會有作對的一天。

Frank的洗衣店牆上，還貼了一張郵局發行新郵票的poster，不記得是那一個名作家或是名畫家的人像郵票，poster上有一句他說的話：「我從未遇到過我不喜歡的人。」這句話當時給我印象不深，近年來，卻時常縈繞我腦際，因為就我的親身體驗來說，事實上的反差相當大。

今日再思考這句話，覺得那是多麼開闊的胸襟！回頭看自己，多少計較心、多少分別心，多少自以為是的損高我慢心啊！我將每天捫心自問，但願我終會有開懷的一天。

September

兩個磅秤

　　終於有了一個磅秤！雖然上面印了許多Snoopy，頂孩子氣的。可是，我一向喜歡Snoopy那種有點妄自尊大、有點愛計較耍小心眼、有時又很阿Q，極為人性化的個性，常令人覺得好氣又好笑，待一回味，多少映照了一些自己常常視而不見的小瑕疵，因而又令人省思。

　　去對門大樓的銀行辦點事，正巧業務員在推銷信用卡，只要申請就送一個磅秤，若是拿到白金卡，一個月內刷卡滿三千元，就可再送一台腳按摩器，我正好想要就近申請一張卡多點方便，於是一拍即合，拿了個磅秤回家。

　　當然，一進門第一件事就是拆除包裝，踩上去秤體重。這是我一年半以來第二次秤體重。

　　第一次是在七月中旬倫敦Laura家中秤的，當時看到仍然有60.5公斤，心中有點懊惱。開始做瑜珈的前兩個月，雖然沒秤過，但是從衣褲的逐漸寬鬆，可見體重很明顯地減輕了，估計有二至三公斤，可是到了第三、四個月，就不見再瘦減。我想再增加運動量，但是精神不濟；想多節食，少吃點又覺得體力不夠。雖然不怎麼去理會它，心中還是嘀咕不知如何才能打破這個瓶頸。

　　一星期前，開始做「墊上瑜珈六式」，又做「運腰揉腹

功」，竟然很有用，磅秤的指針指到58公斤。

　　因為無磅秤、無食譜而減肥達成初步目標，我對減肥已有拿捏，雖然體重仍會在一、兩磅的差別之內上下遊走，有了一個有形的磅秤，並沒有成為壓力。

　　倒是我心中那一個時隱時顯的無形磅秤，天平的兩端，一端常放著不知謙卑的自高心，另一端常放著批判別人的計較心，這才是我應該警醒袪除、阻礙我光明敬虔滿足喜樂的兩顆惡心啊！

30
FRIDAY

September
你要相信世上所有美好的事物

　　很多年前，生活的步伐滯緩而不知道何處才是著落，心情正是十分張皇鬱悶。一次去大陸時來台灣駐腳，住在朋友家，不是很大的房間，擺置著沉重的古老木製傢俱，侷促得有點壓迫感。有一天，晚上睡不沉穩，很早醒來，又不便驚動他人，只好百般無奈待在房內。

　　偶然放眼望向窗外，遠處樓頂搭建的鐵皮棚上，懸掛著一株九重葛。在七月初夏一彎煦日初昇的陽光下，枝條茂盛綠葉濃鬱的九重葛，紅灩灩地展放著毫不拘謹的花姿。

　　突然間，覺得即使只是陳舊鐵皮棚上破瓦罐裡的一株九重葛，也能活出這樣的燦爛，我必須相信，人生一定會有許多美好的事物。

　　以後的日子裡，在我沮喪煩憂的時候，這幅九重葛的圖畫，時常會及時鮮明地顯現在我的腦中，安撫我暫且疲憊的身體，安頓我一時徬徨的心靈，讓我又看到希望的陽光。

　　就是要這樣時常捕捉希望的陽光啊！雖然，有時候你會對這個混沌宇宙中的世界感到困惑不解；對現今價值觀念亂淆的社會感到厭棄無奈；對自己的人生與生命的意義感到失望與失落；你卻一定要相信：世界上所有美好的事物依然存在。

　　你要相信：蝴蝶蛻變而出彩色繽紛美麗精緻的翅翼，和它們自始至終翩翩雙飛的堅貞，就是大自然賜予人間溫柔的安

慰；你要相信：嬰孩稚嫩紅潤的臉頰和天真無邪的笑容，就是綿延永續對生命的關懷和愛心；你要相信：黑暗只能逗留至黎明來到之前，而寒冷的冬天過去之後，又是春暖花開季節；你要相信：善良、誠實、正直、努力、信心加上勇氣和毅力，終有一天可以撥雲見日，大放光明。

最重要的是，你要相信：因為我，世界有所不同；你要相信：因為我相信，所以， I Can Make A Difference！！